これだけは知っておきたい

0〜5歳児の食育

女子栄養大学教授
岡崎光子 監修

チャイルド本社

目次

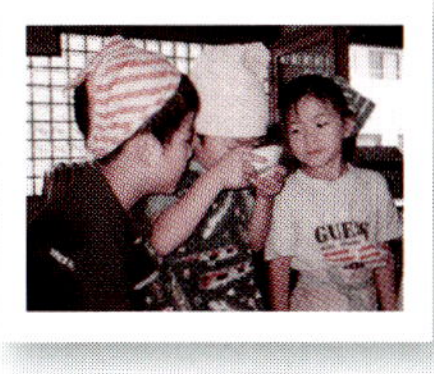
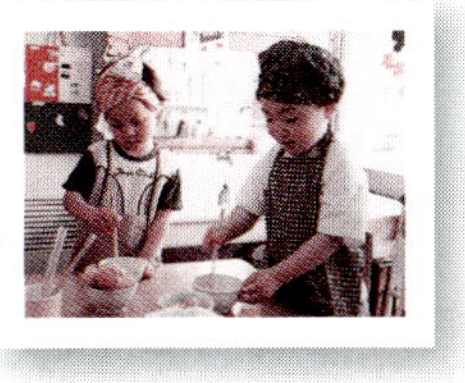
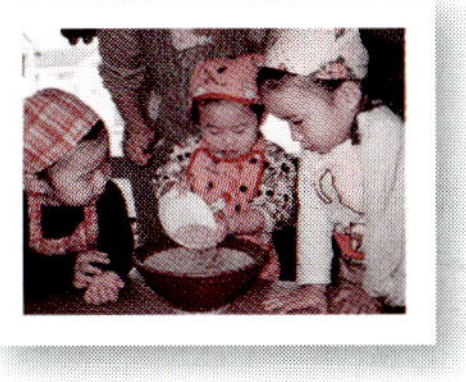
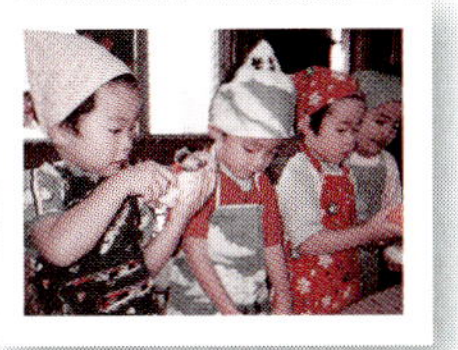

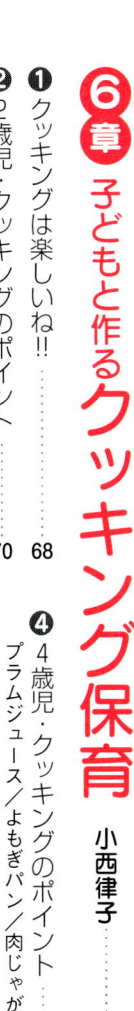

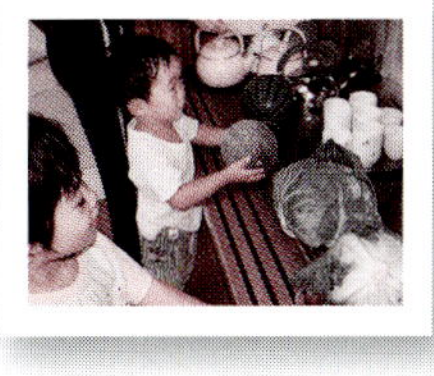
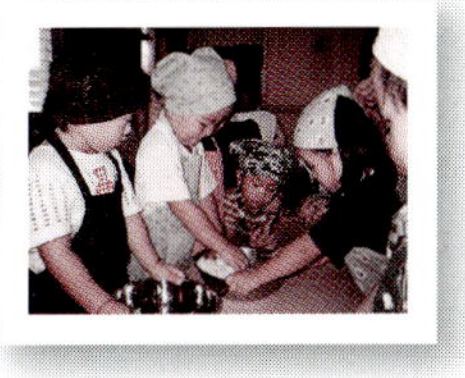
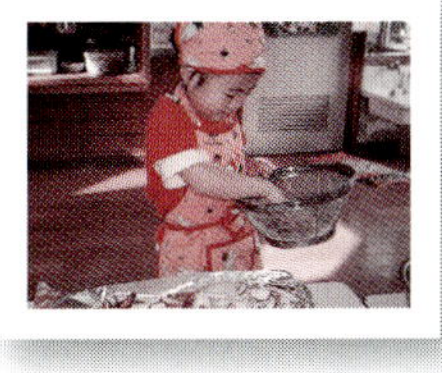
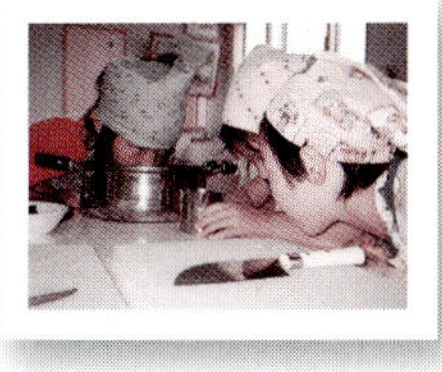

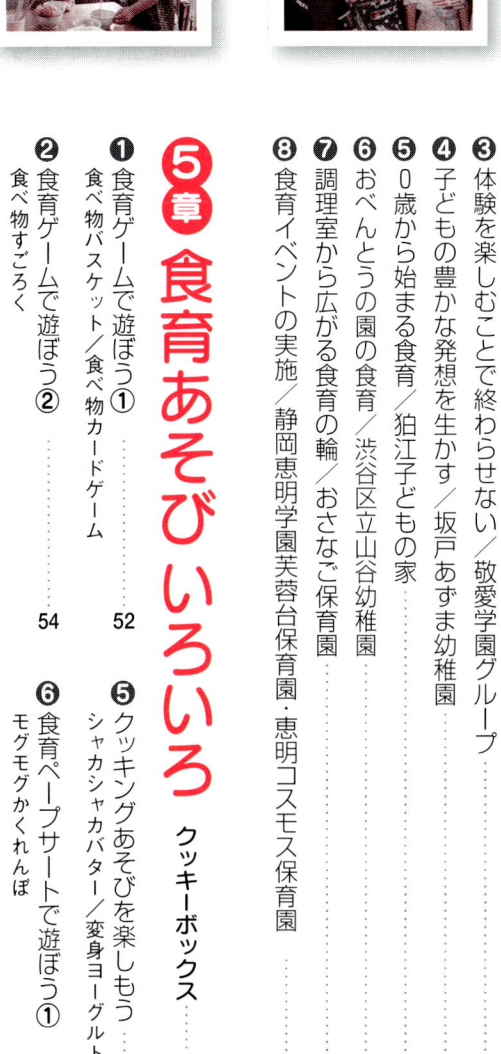

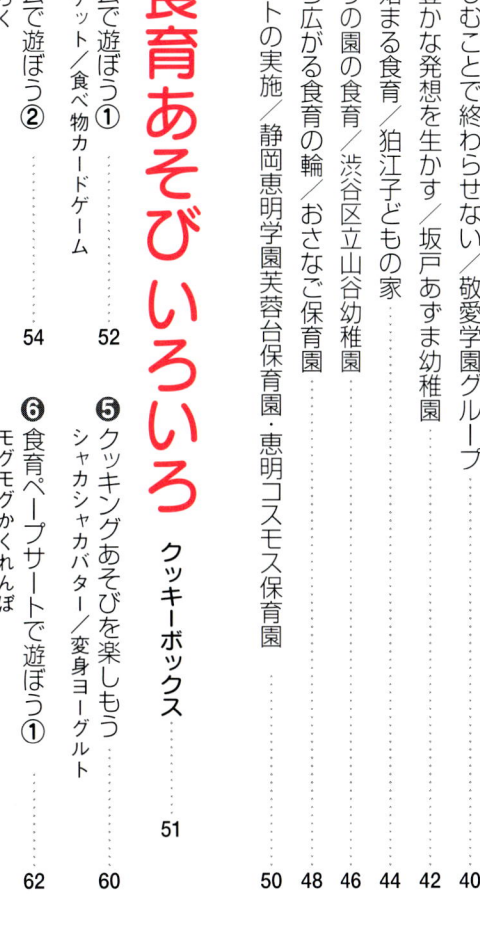

はじめに

女子栄養大学教授　岡崎光子

平成十七年六月に「食育基本法」が制定されてから、わが国ではにわかに「食育、食育」と世の中が騒がしくなりました。改めて「食育って何？」と問われた時に、はっきりと答えることができる人はいったいどれだけいるでしょうか。しかしこの答えは、本書をお読みいただければ、自ずとお分かりいただけるものと思います。

現段階では、「食育」についての明確な定義はありません。「食育」とは呼んで字のごとく、私たちの体と心の健康を保つために役に立つ食物を、美味しく、楽しく食べることによって、健康を育む（維持する）こと、そのものではないでしょうか。

「食育基本法」の第五条（巻末87ページ参照）に記載されているように、子どもへの食育は、家庭において父母がその役割を果たすことがもっとも大切です。一方、保育所、幼稚園においては、保育者がその役割を果たしています。しかし、食育は子どもにのみ必要な行為ではありません。国民一人ひとりがその必要性を理解し、実行すべきことです。

本書に紹介されている食育に関する実例は、もちろんすでに多くの保育所や幼稚園で実施されている内容も含まれていますが、本書によって改めて新しい発見や再認識をしていただければ幸いです。

食べることは生きていくうえでもっとも基本的な行為です。しかし、その基本的な行為が現在、家庭でいわゆる「しつけ」られにくくなっています。基本的な生活習慣を幼児期にしっかり身につけさせておくことは、その後の身体的、精神的健康の維持のためにも重要です。

食育は決して難しいことではありません。日常生活の中で、できることから行っていただければよいのです。例えば、食物を大切に取り扱うこと、出された食事を残さないこと、食事時のルールを守ることなど、から始めてください。そのために本書が皆様のご参考になれば、幸甚です。

平成十八年十月

1章

「食育」ってなに？

執筆・女子栄養大学教授　岡﨑光子

人間が生きていく上で
欠かすことのできない「食」。
その基礎は、乳幼児期に形成されます。
乳幼児を預かる保育者には、
どのような「食育」に関する知識が
必要となるでしょうか。

1 「食育」ってなに？

今までの学校教育

これまで、小・中学校などの教育機関では知育、体育、徳育の教育が行われてきました。そのなかでも日本では長いあいだ、子どもたちの知識を広め、知能を高める知育に力を注いできました。同時に体育を教えることによって、体位の向上と、精神力が鍛えられてきました。

昭和30年代ころまでは、社会生活を営んでいく上に必要となる、一般的な社会の規範である徳育科目の道徳について教えてきました。しかし、道徳という言葉の響きは堅苦しく、古くさい等のイメージから、あまり浸透しなかったように思われます。

しかし、近年、家庭でのしつけが十分になされなくなってきたことから、あらためて、子どもたちに基本的な生活習慣を含め、社会生活を送るうえで必要な規則・規範を教えることの必要性が高まりました。その結果として今日、小・中学校の学習のなかに「総合的な学習」が組み込まれましたが、平成17年の学校教育法一部改正により、その時間数は減少しました。現在は学校教育全体の中で食育が重要視され、「生きる力」「命の尊さ」を教えるようになりました。知育・体育・徳育に食育が加わったことは、どのような意味があるのかを考えてみましょう。

食育の登場

まず、食という文字は、「人」、「白」、「良」等の形に分解されます。つまり私たちは、白い良い食物を食べ、人間を育む必要があるということになります。食育は、白い良いもの（白飯・牛乳・鶏卵・豆腐など）をしっかり食べ、かつ、バランスのとれた食事をすることにより、人を良くすること（健康な体をつくること及び人間形成）の教育といえましょう。

平成17年に食育基本法が制定されました。食べるということは、きわめて個人にかかわる問題でありながら、今、なぜ、法律を策定してまで国民に教育する必要があるのでしょうか。

その理由として考えられることは、生きていく上でもっとも重要となる食べることが現在、大変おろそかにされているからです。かつて食事は、家庭で調理・加工したものを、家庭で食べる食べ方（内食）が常識でした。しかし、現在ではその常識はくずれ、家庭外で調理・加工されたものを、家庭外で食べる外食や家庭外で調理・加工されたものを家庭で食べる中食もごく普通に行われています。このような食生活の変化は、いつでも、どこでも、食べたい時に食べたい物を食べられることから、不規則な食べ方、偏った食べ方、マナーから外れた食べ方をする子どもを増加させました。さらに大人と同様の生活習慣病の症状を示す要因となりました。このような食習慣の変化のもと、わが国は「食育基本法」の中で、食育を次のように位置づけています。

子どもたちが豊かな人間性をはぐくみ、生きる力を身に付けていくためには、何よりも「食」が重要である。今、改めて、食育を、生きる上での基本であって、知育、徳育及び体育の基礎となるべきものと位置付けるとともに、様々な経験を通じて「食」に関する知識と「食」を選択する力を習得し、健全な食生活を実践することができる人間を育てる食育を推進することが求められている。（前文より）

2 栄養素の基礎知識

さて、今までは食育が登場するまでの教育や食生活の変化などについて述べました。次に具体的に食育を実践する前に必要な栄養に関する知識を学びましょう。

まず、私たちが毎日必要とする栄養素は、大きく二つのグループに分類されます。一つは、エネルギーの素になる栄養素であり、もう一つのグループは、体の調子を整えるための栄養素です。前者には糖質、たんぱく質、脂質が含まれます。これらの栄養素はエネルギーの素になるだけでなく、血液や筋肉など、体を構成する基本組織を作り、さらに体の中に脂肪組織を作るなどの働きもしています。後者には、ビタミンA、ビタミンB_1、ビタミンB_2、ビタミンCなどのビタミン類、そしてカルシウム、リン、鉄、ナトリウムなどのミネラル類などが含まれます。

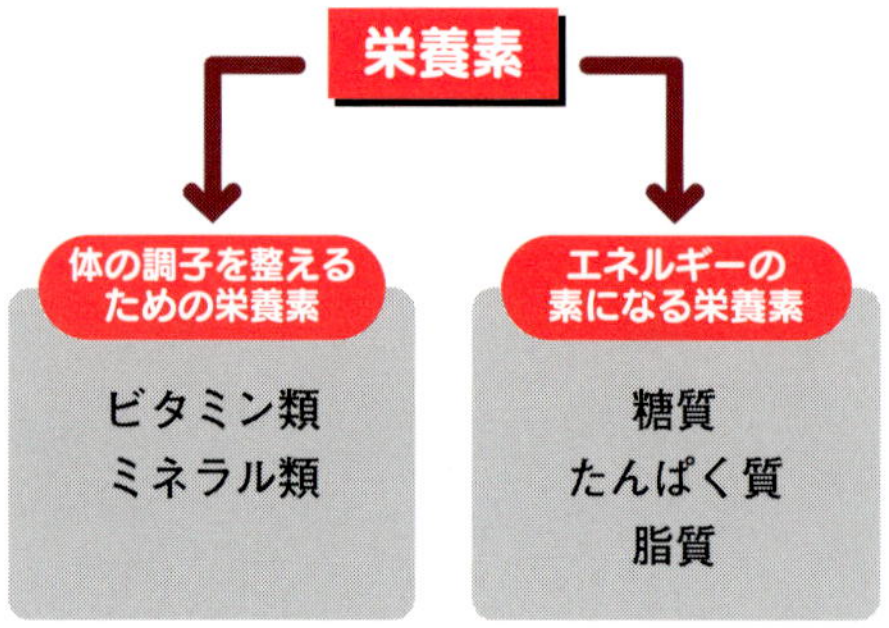

エネルギーの素になる栄養素

エネルギーとは、毎日の活動に必要なものです。さらに、子どもが成長するためにもエネルギーは必要です。このエネルギーを私たちは、食物から摂っています。私たちは起きている時も、寝ている時も24時間体の中でエネルギーを燃焼しています。

糖質

炭水化物は、主に米、パン、麺類、イモなどにデンプンとして含まれています。このデンプンは、唾液や膵液《すいえき》から分泌される消化酵素によって分解され、麦芽糖になります。それがさらに腸液に含まれる消化酵素によりブドウ糖に分解され、吸収されます。ブドウ糖は血液の中でいつも同量が含まれるように調整されており、およそ血液１００cc中に80～１００mgあります。肝臓にはグリコーゲンが蓄えられていますが、血液中のブドウ糖が少なくなった時にはグリコーゲンがブドウ糖に変わり、血液中に送り込まれます。ブドウ糖は体の中では肝臓や筋肉の中に蓄えられていますが、それでもブドウ糖を大量に摂取し、それらの組織に蓄えきれない場合には、脂肪として蓄えられます。

たんぱく質

つめ、髪の毛、筋肉、血液、皮膚などの素になるものがたんぱく質です。たんぱく質は動物性食品に含まれているもの、植物性食品に含まれているものがあります。これらの食品に含まれているたんぱく質は、小腸でアミノ酸に分解され、吸収されます。たんぱく質を構成しているアミノ酸の主なものは、図の20種類です。その内、左のカテゴリーの9種類のアミノ酸は体の中で合成

主なアミノ酸20種類

グリシン
アラニン
セリン
アスパラギン酸
アスパラギン
プロリン
グルタミン
グルタミン酸
アルギニン
システイン
チロシン

バリン
ロイシン
イソロイシン
スレオニン
リジン
メチオニン
フェニルアラニン
ヒスチジン
トリプトファン

必須アミノ酸

することができないアミノ酸で、必須アミノ酸（別名を不可欠アミノ酸）と言います。これらのアミノ酸は、私たちの体に役にたつ、栄養価の高いたんぱく質なので、毎日の食事に欠かせないものです。その理想的なアミノ酸のバランスをもっているもっとも優れた食品は、鶏卵と牛乳です。しかし、ほかの動物性食品や植物性食品にもアミノ酸は含まれていますので、いろいろな食品を食べることが大切です。

脂質

あぶらは、油脂、脂、油とも書きます。その総称が脂質です。脂は、白い塊のようなあぶらを指します。油は、大豆や菜種などの植物から採り、液状のものをいいます。脂質は1gで9kcalのエネルギーをもちます。エネルギー源としては有効なものですが、さらに他のエネルギー源の糖質やたんぱく質と比較し、消化吸収されるのに時間がかかるため腹もちがよいということになります。さらに油脂に溶けてよく吸収されるビタミンAやビタミンDなどの吸収をよくします。

体の調子を整えるための栄養素

体の調子を整える栄養素には、ビタミン類とミネラル類があります。健康な体を保つために必要な栄養素です。最近ではさまざまなサプリメントが市販されていますが、食物から摂ることが重要です。

ビタミン類

ビタミン類は、量は少なくても食物から摂らなければならない栄養素です。水に溶けやすいビタミンの水溶性ビタミンと脂肪に溶けやすいビタミンの脂溶性ビタミンの2種類に大きく

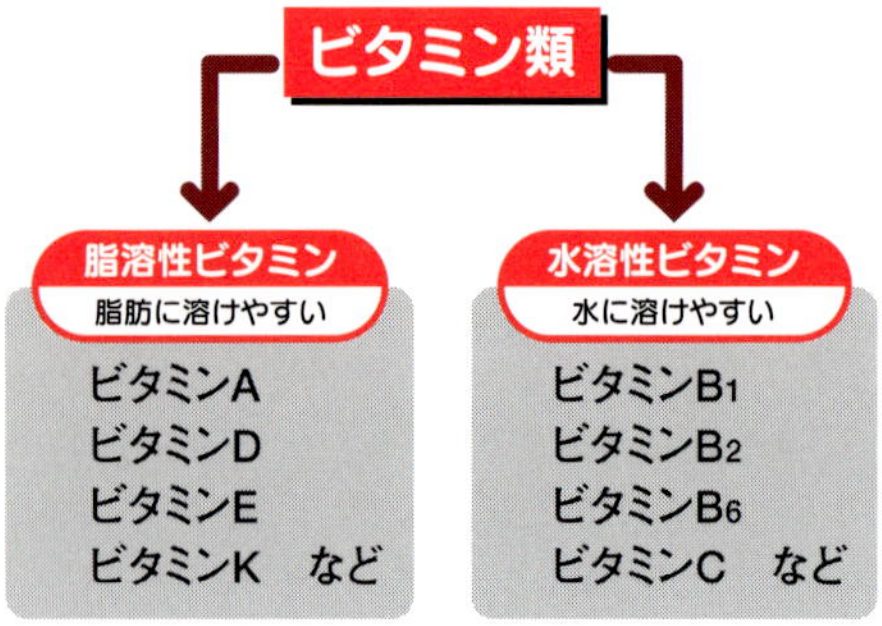

分けられます。水溶性ビタミンには、ビタミンB_1、ビタミンB_2、ビタミンB_6、ビタミンCなどがあります。一方、脂溶性ビタミンには、ビタミンA、ビタミンD、ビタミンE、ビタミンKなどがあります。ビタミンB_1が不足すると、体がだるくなったり、眠くなったり、いらいらするなどの症状を起こしがちです。ビタミンB_2が不足した場合には、口の端が赤くなったり、割れたりする口角炎や唇が赤くなる口唇炎、口の中が赤くただれる口内炎になることもあります。ビタミンAが不足すると、暗い所では物が見えにくくなる夜盲症など、目の疾患を起こしやすくなります。さらにビタミンDが不足すると、骨の発育不全を起こすこともあります。ビタミンKの不足は、切り傷をした場合など、傷口がふさがりにくくなるなどの症状を示します。

ミネラル類

ミネラル類には、カルシウム、リン、ナトリウム、マグネシウムなどが含まれます。カルシウムは、私たちの体や骨を作るのに大切な栄養素です。また、血液中にも一定のカルシウムが含まれています。食物から摂るカルシウムが少なくなると、血液中のカルシウムも少なくなります。一定量のカルシウムを保つため骨に蓄えられているカルシウムが血液中に溶け出します。このことがくり返されると骨粗しょう症の原因になります。リンも体に必要な栄養素です。カップラーメンなどの加工食品の中にはリンが食品添加物として使用されていることが多いのです。したがって私たちは気がつかないうちにリンを多く摂ってしまいます。リンを多く摂ることは、カルシウムの吸収を妨げてしまいます。そのため、カルシ

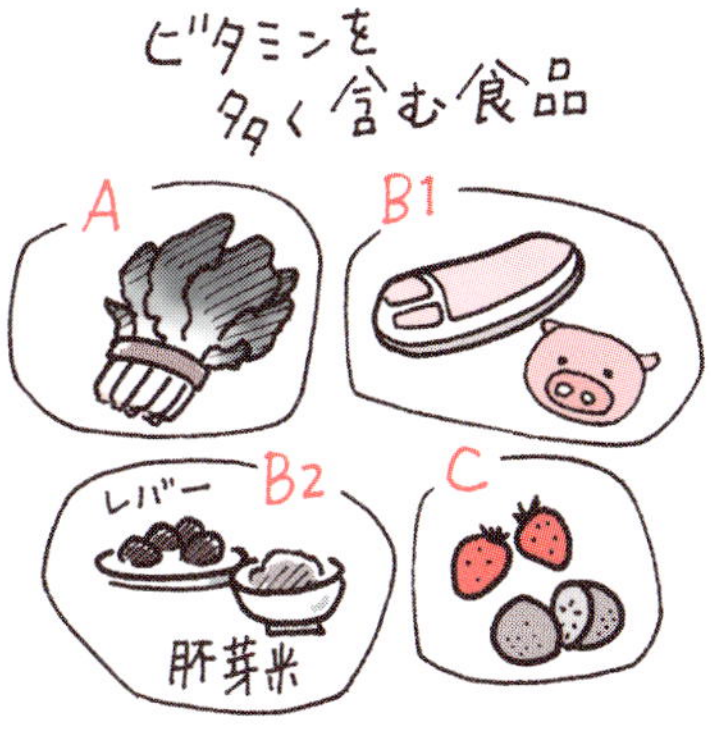

ウムとリンは1対2くらいの割合で摂るとよいでしょう。鉄は、血液中の酸素を運搬するという重要な働きをしています。しかし、今日の日本人は鉄の摂取量が不足がちです。動物性のたんぱく質やビタミンCといっしょに摂取すると吸収がよくなります。動物性食品、植物性食品をバランスよく食べるようにしましょう。

3 離乳期からの食育が大切

離乳はなぜ必要なのでしょう。それは母乳やミルクからだけでは乳児の成長に必要な栄養素の種類も量も足りなくなるからです。そこで、それ以外の食物から栄養素を摂取して補うことが必要です。

しかし、離乳の必要性はそれのみではありません。乳児は月齢に伴って、消化機能も次第に発達してくることから、乳児の発育・発達に合わせた食物の種類と調理形態のものを与えることが必要になります。さらに、乳児は精神的にも発達してきます。したがって、乳汁とは異なった食物の味、匂い、舌触り、形、色などを経験させることにより味覚、臭覚、触覚、視覚などの諸感覚器官の発達が促されます。また、生後4～5か月ころになると、乳汁を吸う行動から、食物を舌や歯ぐきでつぶす動きへ移行します。そこでこのころから食べ物をよくかみ砕く咀《そ》しゃくや咀しゃくした食べ物を飲み下す嚥下《えんげ》の訓練をさせることが必要になります。幼児期になり咀しゃくのできない子ども、咀しゃくしたがらない子どもにならないようにするためにも、離乳期の対応が大切です。子どもに多様な食物を

経験させることは、子どもの食欲不振・偏食の予防にも繋がります。そして、3回の食事と1～2回の間食を規則的に摂らせることは、生活のリズムを守るためにも重要です。

ことさら食育と声高に言わなくても、日々の生活のなかで、このようなことを実践していくことが、いわゆる食育と思っていただければよいでしょう。

4 保護者との協力体制を

保護者との協力体制をとるために重要なことは、日ごろから保護者とよくお話をし、コミュニケーションをとる習慣を身につけることです。ある日突然、保護者に何かをお願いしても、なかなかこちらの意図を酌《く》んでいただけないでしょう。そのため、日ごろから保護者との連絡を密にしておくことが大切です。

それでは、どのような協力体制のとり方があるのでしょうか、次に考えてみましょう。

おたより

保育所・幼稚園で実施している食育活動を、おたよりとして保護者へ発信することも効果的でしょう。そのおたよりには、季節の食材に関する記述、その食材を使用した料理の紹介も記載するとよいでしょう。ある保育所の実例を次ページに紹介しておきます。

ボランティア活動

月に1回くらいの間隔で、保護者にボランティアで給食・調理や

配食の作業を呼びかけ、積極的にやってもらいましょう。このような活動を通して保護者にとっては、日ごろ園ではどのような食材を、どのように手間をかけて調理しているか、知ってもらえます。また、作り方などについても、新しい発見があるかもしれません。それに伴い保護者は、保育者と話をする機会も増えることでしょう。

給食の献立を考える

給食の献立を子どもといっしょに考えてみることはどうでしょうか。どんな料理が食べたいか、まず、子どもにリクエストさせてみます。子どもたちのリクエストのなかから、保護者といっしょに、主食・主菜・副菜に分けてみましょう。そして、その献立を調理スタッフへ依頼しましょう。いろいろな食品や料理のなかには、子どもの嫌いな食品や料理があると思います。でもみんなといっしょに食べることで、友達につられて食べるようになるかもしれません。

親子料理教室の開催

1年に1～2回の頻度で、親子料理教室を園で開催することもよいでしょう。献立は保護者、保育者や子どもの意見も採り入れ、園庭や多目的ホールで行うとよいでしょう。

●家庭へのおたよりの例

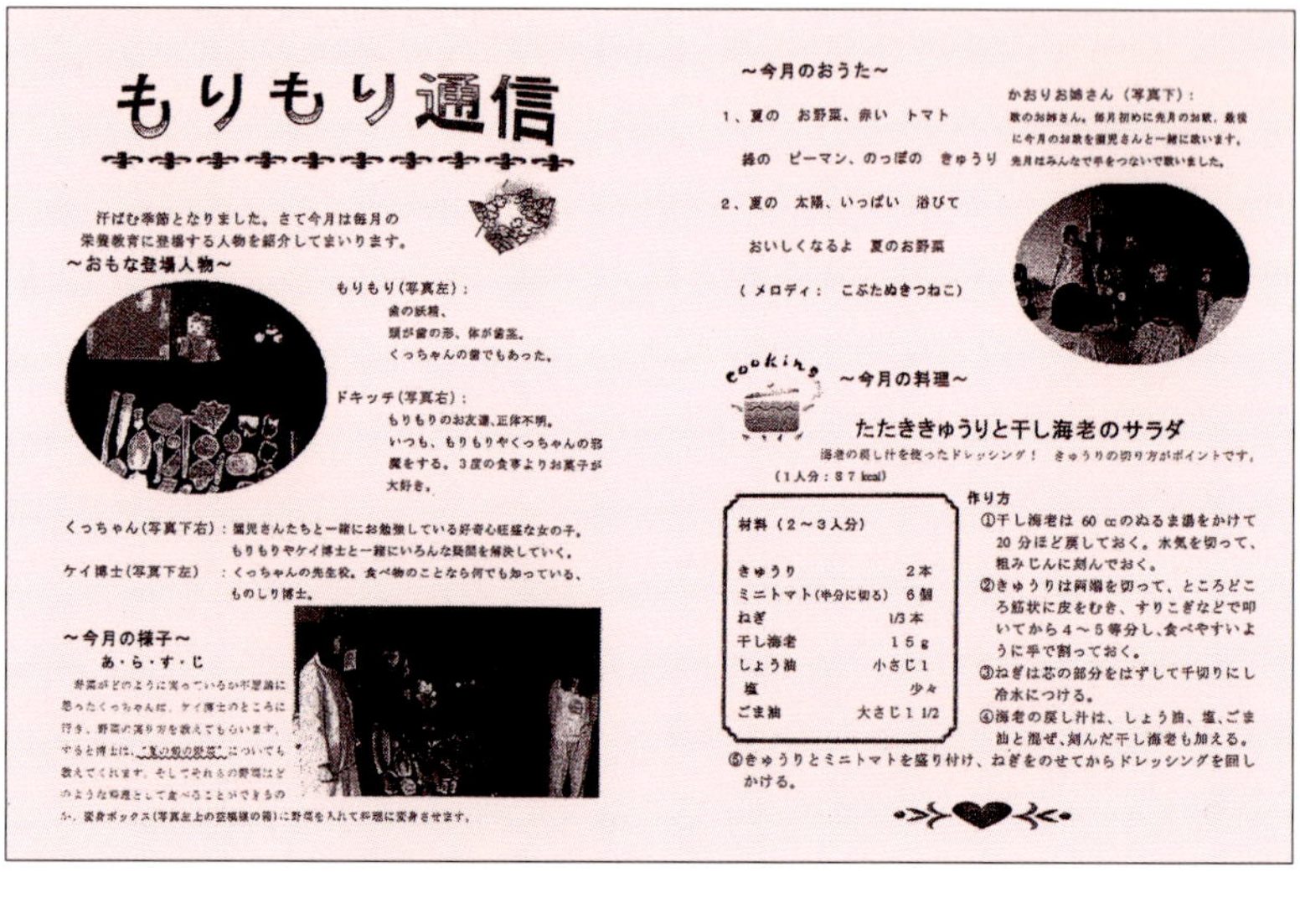

もりもり通信

汗ばむ季節となりました。さて今月は毎月の栄養教育に登場する人物を紹介してまいります。

～おもな登場人物～

もりもり（写真左）：
歯の妖精、
頭が歯の形、体が歯茎。
くっちゃんの歯でもあった。

ドキッチ（写真右）：
もりもりのお友達、正体不明。
いつも、もりもりやくっちゃんの邪魔をする。3度の食事よりお菓子が大好き。

くっちゃん（写真下右）：園児さんたちと一緒にお勉強している好奇心旺盛な女の子。もりもりやケイ博士と一緒にいろんな疑問を解決していく。

ケイ博士（写真下左）：くっちゃんの先生役。食べ物のことなら何でも知っている、ものしり博士。

～今月の様子～

あ・ら・す・じ

野菜がどのように実っているか不思議に思ったくっちゃんは、ケイ博士のところに行き、野菜の実り方を教えてもらいます。すると博士は、"夏の旬の野菜"についても教えてくれます。そしてそれらの野菜はどのような料理として食べることができるのか、変身ボックス（写真左上の[illegible]の箱）に野菜を入れて料理に変身させます。

～今月のおうた～

1、夏の　お野菜、赤い　トマト
緑の　ピーマン、のっぽの　きゅうり
2、夏の　太陽、いっぱい　浴びて
おいしくなるよ　夏のお野菜
（メロディ：　こぶたぬきつねこ）

かおりお姉さん（写真下）：
歌のお姉さん。毎月初めに先月のお歌、最後に今月のお歌を園児さんと一緒に歌います。先月はみんなで手をつないで歌いました。

cooking　～今月の料理～

たたききゅうりと干し海老のサラダ

海老の戻し汁を使ったドレッシング！　きゅうりの切り方がポイントです。

（1人分：87 kcal）

材料（2～3人分）

きゅうり	2本
ミニトマト（半分に切る）	6個
ねぎ	1/3本
干し海老	15g
しょう油	小さじ1
塩	少々
ごま油	大さじ1 1/2

作り方

①干し海老は 60 cc のぬるま湯をかけて 20 分ほど戻しておく。水気を切って、粗みじんに刻んでおく。

②きゅうりは両端を切って、ところどころ筋状に皮をむき、すりこぎなどで叩いてから4～5等分し、食べやすいように手で割っておく。

③ねぎは芯の部分をはずして千切りにし冷水につける。

④海老の戻し汁は、しょう油、塩、ごま油と混ぜ、刻んだ干し海老も加える。

⑤きゅうりとミニトマトを盛り付け、ねぎをのせてからドレッシングを回しかける。

2章

年齢別食育プラン

執筆・女子栄養大学教授　岡崎光子

園という集団保育の場では、
どのような「食育の計画」を立てて
進めていけばよいのでしょうか。
本章では、年齢別に
そのポイントを解説します。

1 保育所・幼稚園で「食育」をどう進めるか

初めに保育所・幼稚園の保育者にお願いしたいことは、幼児の基本的な生活習慣は家庭でしっかり「しつけること」を保護者へ伝えていただきたいことです。

園児が4月に初めて登園する際には、少なくとも①早寝、早起き、②登園する前には排便する、③洗顔する、④朝食を食べる、⑤あいさつする、などの習慣を身につけさせてください。それができていると、園では集団生活をするにあたり、最低、自分のことは自分で行い、周囲の人に迷惑をかけないで済むでしょう。そして、友達とも仲よく過ごせるでしょう。

次に、保育所・幼稚園では毎年、年間の食育の目標を年度初めに明確に設定しましょう。1年間の目標、1学期間の目標、1か月間の目標というように、長期、中期、短期の目標を明確に設定することが大切です。短期の目標は、比較的達成しやすい内容のもの、そしてその目標が一つひとつ達成できた時に、中期の目標へ移行し、中期の目標が達成された時に長期の目標へ移行します。最終的に長期目標が自ずと達成できるように設定することがコツです。この

目標を設定する時には、保護者の代表の方にも参画していただくとよいでしょう。そして、園で実施する内容、家庭で実施する内容を区分し、その実施状況を1か月に1回くらいは報告しあう会合を持つとよいでしょう。なお、達成されなかった内容については、その原因をていねいに分析することが大切です。そのためには、各児童に行動内容のチェックリスト表を持たせ、家庭でチェックしてもらうとよいでしょう。

保護者にも食育に協力していただくことは、重要です。なぜならば、平成17年度に施行された食育基本法では、食育は国や地方自治体が行うことを記載していますが、もっと重要なことは、国民一人ひとりがきちんと望ましい食生活を営んでいくことが重要であることも規定しているからです。したがって、幼児への食育も、保育所・幼稚園で保育者が行うだけでなく、まず基本は家庭で保護者が食育をすることであることを保護者へ十分に認識してもらうようにしてください。

2 年齢別の食育のポイント

1 摂食機能の発達を捉えること

表1（18ページ）は、子どもの摂食機能の発達状況を示したものです。原始的な反射により乳汁を吸っていた時期から、口唇をしっかり閉じて食物を取り込む捕食ができるようになると、乳汁以外のほかの食物を食べることが可能になります。次に舌の動きが前後から上下に動くようになれば、舌で押しつぶして食べることが可能になり

●表1：摂食機能の発達状況

月齢	離乳初期	離乳中期	離乳後期	離乳完了期
	5～6か月	7～8か月	9～11か月	12～15～16か月
特徴	ゴックン 口唇食べ	モグモグ 舌食べ	カミカミ 歯ぐき食べ	カチカチ 歯食べ
調理形態	どろどろ状 （ポタージュ状）	舌でつぶれる固さ （プリンやマッシュ状）	歯ぐきでつぶせる固さ （全がゆ～軟飯）	歯ぐきでかめる固さ （軟飯～ご飯）
咀《そ》しゃく能力	どろどろのものを飲み込める	数回モグモグして、舌で押しつぶして咀しゃくする	歯ぐきで咀しゃくする	歯が生えるにしたがい、咀しゃく運動が完成する

ます。さらに舌を左右に動かすことができるようになると、口の中の食物を自由に動かすことができます。1歳ころに第1乳臼歯が生えてくると、形のある食物を食べることができるようになります。このような口腔内の発達に合わせて、食育を進めることが必要です。

2 嗜《し》好《こう》の発達を促すこと

食物に対する好みは生まれながらに獲得しているものではなく、離乳期、幼児期を通しての毎日の食事を体験することにより獲得されるものです。そのために重要なことは、離乳期からできるだけ多種類の食物や調理形態の料理を体験させることです。

3 手の運動機能の発達に合わせること

「手を洗う」行動は、0歳では手を大人に拭いてもらう、1歳では洗ってもらう、2歳では大人に手伝ってもらい自分で洗えるようになり、3歳では自分で洗えるようになります。4～5歳では、手を洗う意味を理解して洗えるようになります。一方、スプーンやはしなどの食具の使い方については、0歳前半では大人が与えますが、離乳期後半から1歳では、手づかみ食べができるようになります。2歳半ぐらいになると、スプーンがじょうずに使用できるようになります。3歳ころにははしが使えるようになり、4歳ではじょうずに使えるようになります。また、4～5歳では大人の見守る中であれば、包丁やホットプレートを使うことも可能になります。このように「手を

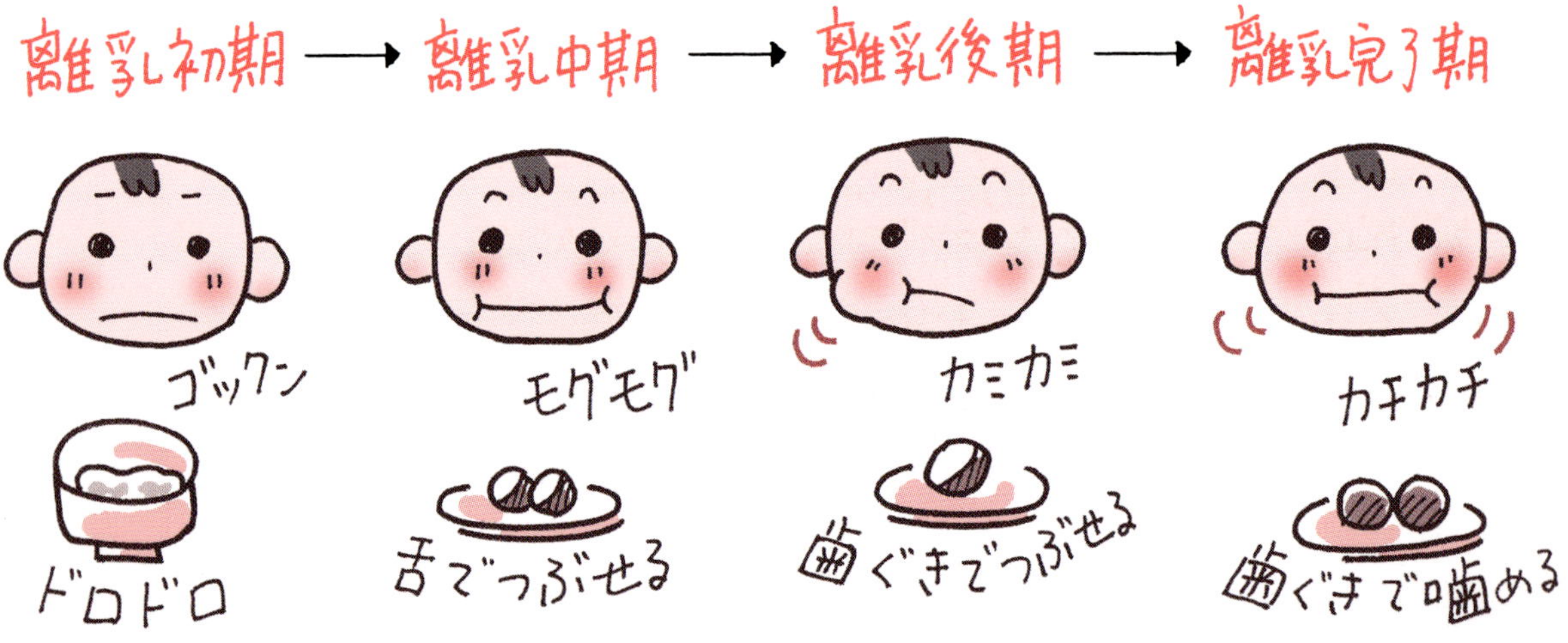

●表2：手の運動機能と食に関する知能の発達

	0歳	1歳	2歳	3歳	6歳……4歳
手の運動機能	0歳・手を大人に拭いてもらう	1歳・大人に洗ってもらう	2歳・大人に手伝ってもらい、自分で洗えるようになる	3歳・自分で洗えるようになる	4歳以降・自分で洗い、洗うことの意味を理解する
	0歳・大人が与える	9か月から1歳ぐらい（離乳食後半）・手づかみ食べをする	2歳半・スプーンをじょうずに使えるようになる	3歳・はしが使えるようになる	4歳・はしがじょうずに使えるようになる 4歳以降・包丁、ホットプレートが使えるようになる
知能の発達			2歳ころ・食物の名前や料理の名前を少しずつ覚える	3歳ころ・理論的に考えることはまだ難しい	4歳ころ・食物の旬も教えれば、理解できるようになる。自分の意思、考えをもつことができる 5歳ころ・食物を三つのグループに分け、体の中での働きについて理解できるようになる

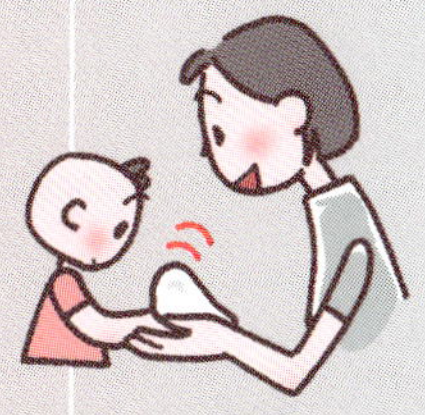

洗う」行動や、食具の使い方についての手の運動機能の発達に合わせて食育活動を考えることは重要です。

4 身の回りのことに好奇心をもつ

2歳ころから、食物の名前や料理の名前を少しずつ覚えていきます。4歳ぐらいになると、食物の旬なども教えれば、理解するようになります。さらに食事には、主食・主菜・副菜・汁をそろえて食べることの必要性を理解できるようになります。5歳のころには、食物を三つのグループに分け、それぞれ体の中での働きについても理解できるようになるでしょう。このような知的発達に合わせて食育の内容を考慮することが大切です。

このように、子どもの発育発達を理解したうえで、食育を進めることが重要です。

表2に、手の運動機能と食に関する知能の発達を年齢別にまとめました。3歳ころでは理論的に思考することは不可能なことから、まず知識として必要な事がらを伝えていくことが必要です。4歳ころになると、自分の意思、考えをもつことが可能になります。そこで、態度の形成や理論と行動が一致できるような計画をたて食育を進めていくとよいでしょう。

3 食育計画の実際（4月～3月）

表3は食育活動計画の一例です。この事例の場合には、1年間を通して「咀《そ》しゃくの重要性を認識させる」ことを目的にしています。そこで前半ではまず、「よく噛《か》むことの必要性」につき、お話により理解させることにしました。後半では、具体的にどんな食物はよく噛んで食べないと食べにくいか、実際の食物を食べさせることにより理解させ、その重要性を認識させることにしています。

より具体的に見ていきますと、4月には、この1年間の食育の目的を話し、噛むことに興味と関心をもたせるようにオリエンテーションを行います。5～7月の3か月間は、噛むことの大切さについて、毎月教材を替えて、ていねいに説明します。9月には前半で行った食育が子どもにどのように定着しているか、その評価のための効果判定を行います。その結果をこの園では今後の教育に活用することにしました。そして10月からは、不溶性の食物繊維を比較的多く含む食材を使って、各児童に一口10～20回くらい噛ませる訓練を行いました。それにより、噛むことの重要性を体験学習とお話とで子どもたちに認識させました。最終月の3月には、後半の食教育の効果判定を行いました。

●表3：食育計画（咀しゃく）の例

実施月	テーマ	食育の目標	効果把握の方法	備考
4月	導入	今後の食育についての説明。 子どもと仲よくなる。		
5月	噛むことの大切さ1【よく噛んでむし歯を防ごう】	噛むことでむし歯が予防できることを理解させる。	むし歯予防ができたかパズル。 大ちゃんが何を食べるか。	
6月	噛むことの大切さ2【よく噛んで元気になろう】	噛むことで内臓に及ぼすよい影響や生活習慣病予防になることを理解させる。	元気な大ちゃんと元気のない大ちゃんを選ぶ。	
7月	噛むことの大切さ3【よく噛んできれいな歯並びになろう】	咀しゃくが顎の発達を促し、歯並びもよくなることを理解させる。	大ちゃんの歯並びの福笑い。	
8月	夏休み			
9月	効果判定			
10月	よく噛んでむし歯を防ごう【固い食品を噛んでみる1】野菜（ほうれん草、ごぼう）	食物繊維コーナー：固い食物を食べさせて、咀しゃくにより食べやすくなることを理解させる。野菜は歯磨きの役割があり、むし歯を防ぐことができる。 食物コーナー：緑色の食物の仲間。	園児の試食の状況を観察し、20回以上咀しゃくできているか、食品中の食物繊維が確認できたか。食物繊維の働きが理解できたか。今日のセンタローは、どんな食品に含まれていたか。	ほうれん草の胡麻和え きんぴらゴボウ
11月	よく噛んで元気になろう1【固い食品を噛んでみる2】黄色い食品群から（麦ご飯）	食物繊維コーナー：食物繊維の入った食品をよく噛んで食べると腸の掃除をしてくれることを学ぶ。 食物コーナー：黄色の食物の仲間。	同上	30％麦飯にぎり 精白米のにぎり
12月	よく噛んで元気になろう2【固い食品を噛んでみる3】緑の食品群から（昆布）	食物繊維コーナー：食物繊維はうんちの量を増やし、便秘を防いでくれることを学ぶ。 食品コーナー：緑の食品の仲間。	同上	昆布の含め煮
1月	よく噛んで元気になろう3【固い食品を噛んでみる4】緑の食品群から（椎茸）	食物繊維コーナー：食物繊維は食べ物の量を増やし、満腹感を与えてくれることを学ぶ。食物繊維という名称を覚える。 食品コーナー：緑の食べ物の仲間。	同上 食物繊維という名称を覚えたか確認する。	椎茸の含め煮
2月	後半の復習のまとめ【固い食品を噛んでみる5】赤い食品群から	食物繊維コーナー：食物繊維のセンタローの働きをおさらいし、まとめる。 食品コーナー：赤い色の食べ物の仲間を試食する。		大豆の砂糖がらめ
3月	効果判定	10月～1月に学習した食物繊維の働きを理解したか。20回以上噛む習慣が身についたか。	4月に実施した食物アンケートを再度実施。試食による咀しゃく回数の測定。センタローゲームによる口、胃、小腸、大腸の食物繊維の働きを質問する。	ほうれん草の胡麻和え

4 季節の食ごよみ(行事食)

1月から12月の行事に伴う食べ物の例を挙げてみました。行事の当日に取り入れてみましょう。すでに取り入れている園ではより積極的に行いましょう。

1月

●**お屠蘇《とそ》**(1日):古くから不老長寿の効果があるとされてきました。お屠蘇を元旦に飲むと1年の邪気を祓《はら》い、寿命を延ばすと言われています。新年のお祝い酒に用います。山椒、桔梗《ききょう》、白朮《びゃくじゅつ》、肉桂《にっけい》(ニッキのこと)などを紅絹の三角袋に入れ、みりんか酒に浸してから飲みます。

●**雑煮**:関東風では、澄まし汁に切り餅を焼いて入れます。関西風では、みそ仕立ての汁に丸餅をゆでて入れます。菜をお椀《わん》の中に入れ、それを中からつまみ上げて、高く引き上げてから食べます。これは「名を高める」とのいわれからです。また、食べ残して「名を残す」とする風習もあるようです。

●**おせち**:正月や桃の節句などの五節句を「節」といったことから、その日に神様にお供えした食物のことをいいました。今では、特に年神様に捧げ、正月を祝う料理とされています。

●**七草がゆ**(7日):1月7日にセリ、ナズナなどの7種類の菜類をおかゆに入れて食べる風習があります。7日の雑炊を7歳になる子どもが近所隣7軒から貰い集めて食べると、力がつき、病気をしないという言い習わしもあります(邪気を祓うという意味もあります)。一方、正月にご馳走を食べ、疲れている胃を休めるためや、不足するビタミン類を補給する意味を含め、七草がゆを食べるという風習もあります。

●**小豆がゆ**:15日の夜から16日にかけて食べるおかゆです。赤い小豆で邪気を祓い、無病息災を願います。焼いた餅や焼かない餅を入れて食べます。

2月

●**節分**(3日):無病息災を願う行事です。大豆を炒《い》った豆をまく風習があります。そしてその人の年齢と同じ数の豆を食べます。

●**恵方巻き**:節分の夜に恵方(その年の福の神様がいる方角)に向かい、無言で「巻きずし」を丸かぶりしますと、幸福が訪れると言われています。大阪の風習が現在では全国にも広まっています。

●**初午《はつうま》**:旧暦2月の最初の午の日を言います。五穀豊穣や福徳を祈願して、いなりずし等を食べて幸福を願います。

3月

●**ひな祭り**(桃の節句、3日):ちらしずしやハマグリのお吸い物を作り、食べる習わしがあります。

●**春の彼岸**:彼岸の入りは3日18日です。家でぼた餅を作り、墓参りに出かける風習があります。

4月

●**花見**:きれいな桜の下で、料理や桜餅を食べます。

●**花祭り**(8日):釈迦の誕生を祝い、誕生仏の立像に甘茶を注ぐ風習があります。

5月

●**端午の節句**(5日):男の子の厄除けと健康を願う行事です。柏餅やちまきを食べます。

7月

●**七夕《たなばた》**（７日）：天の川になぞらえ、そうめんを流して食べる風習もあります。

●**土用の丑の日**（７月20日ころ）：夏の一番暑い時期にうなぎを食べると暑気にあたらないといったことから食べる風習があります。

8月

●**お盆**：お盆前に盆棚と精霊棚を作り、先祖を迎える準備をします。13日に迎え火をたき、盆の間、先祖の霊を家に招き、16日にあの世へ霊を送ります。昔は精進料理を食べました。

9月

●**重陽《ちょうよう》の節句**（９日）：栗ご飯を食べる風習があります。菊の節句ともいいます。お酒に菊の花を浮かべ邪気を祓う習わしもあります。

●**お月見**：中秋の名月、陰暦8月15日、十五夜とも言います。ススキと月見団子などを供えます。

●**秋の彼岸**（中日は23日）：家でおはぎを作り、先祖の墓参りに出かけます。

10月

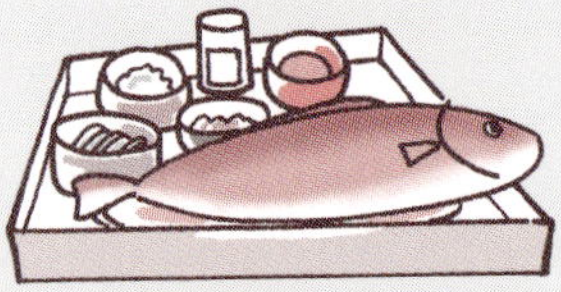

●**恵比寿講**（20日）：福もらいと称して、縁起物を買います。東京では、恵比寿神社のべったら漬けを買って食べます。漁村では初漁祝いをえびす祭りと称して、尾頭つきの魚を食べます。

11月

●**七五三**（15日）：子どもが無事に成長したことを祝う習わしです。長寿を願った、長い紅白のさらし飴（千歳飴）を食べます。

12月

●**冬至**（22日ごろ）：柚《ゆず》湯に入り、冬至がゆ、冬至カボチャ、冬至こんにゃくを食べる風習があります。

●**クリスマス**（25日）：キリストの誕生日です。イブの24日には誕生を祝い、ケーキや七面鳥を食べる風習があります。

●**大晦日**（31日）：家運や寿命が長く延びる、お金がそばから掻《か》き込むように入ってくるという謂われから、一家そろってそばを食べる風習があります。

3章

食育実践のアイデア

執筆・クッキーボックス

保育所、幼稚園において、
子どもたちといっしょに行うことのできる
食育実践には、どんな活動があるでしょうか。
ちょっとしたくふうを
ふだんの保育に加えることで、
食育としての広がりが生まれます。

手軽な栽培を楽しもう①

菜園やプランターがなくてもできるジャガイモ栽培と、田んぼがなくてもできる古代米栽培のアイデアです。

ショッピング袋でジャガイモ栽培

湯島幼稚園のアイデア（関連記事38ページ）

ひとり1袋ずつ植え付けをしましょう。親子でいっしょに植え付ければ、生長や収穫の喜びが共有できます。

用意するもの

・ショッピング袋…ひとり2袋
・黒土
・腐葉土
・種イモ（ジャガイモを半分に切ったもの）…ひとり2個

● 植え付けの方法（植え付け時期：3月）

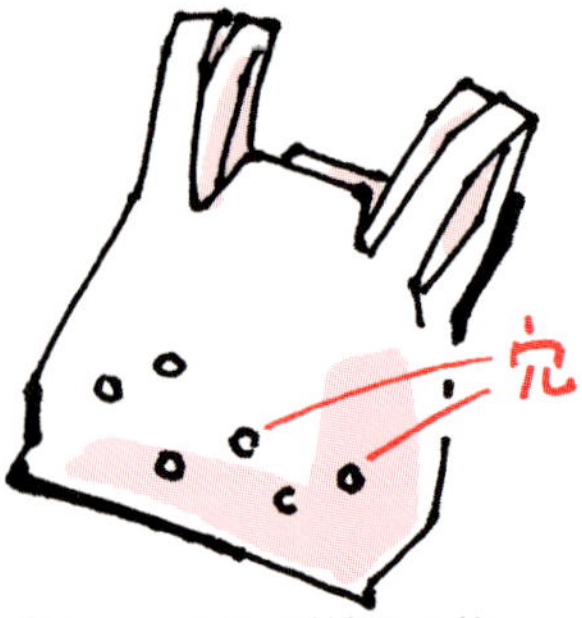

❶ショッピング袋を２枚重ね、何箇所かに穴を開けて、水が通るようにする。

❷❶に黒土と腐葉土を混ぜて入れる。

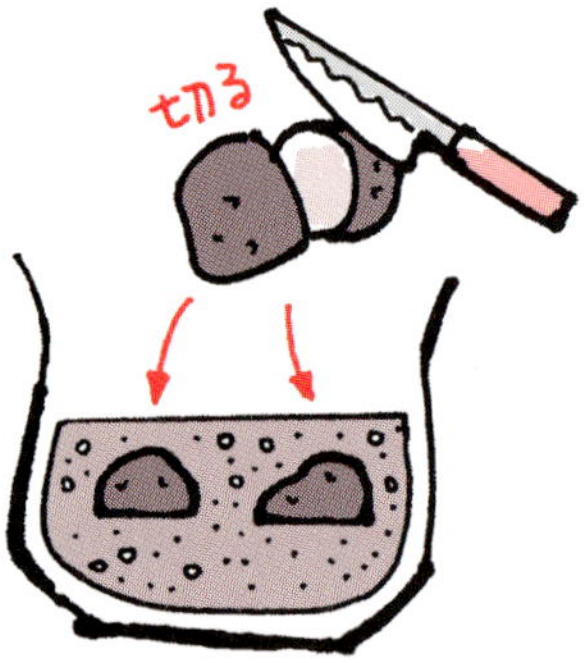

❸ジャガイモを半分に切り、土に埋め込む。

ポイント

- 日のあたるところに置き、土が乾いたら水やりをする。
- 種イモを植えたショッピング袋は、持ち上げると土がくずれて根を切ってしまうので、なるべく移動させない。
- イモが地表に顔を出さないように、土の量をたす。
- ６月、葉やくきが枯れたら収穫する時期。
- 半分に切った種イモから７、８個ほどのジャガイモが収穫できる。

Plus 1 発芽のようすが見えるジャガイモの水栽培

土の中でどのように生長しているのかが見られます。

- 容器に水を１cm程度注ぎ、ジャガイモの切り口を下にして置く。
- 腐りやすいので毎日水を替える。
- くぼみから芽と根が出る。「今ごろ土の中でこんなふうになっているよ」と子どもに伝えよう。
- 日あたりのよい場所に置くと、生長が早い。

プランターで古代米の栽培

古代米は生命力が強く、庭の土でも育ちます。バケツでも、保冷用のスチロール箱などでも栽培できます。赤米・黒米・緑米など、いろいろな種類の古代米を植えると、さまざまな色の稲穂が楽しめます。

用意するもの

・プランター、バケツなどの容器
・古代米の苗・土
※古代米の苗は田植えの季節に、農協（ＪＡ）や園芸店などで購入できる。

● 植え付けの方法（植え付け時期：5月）

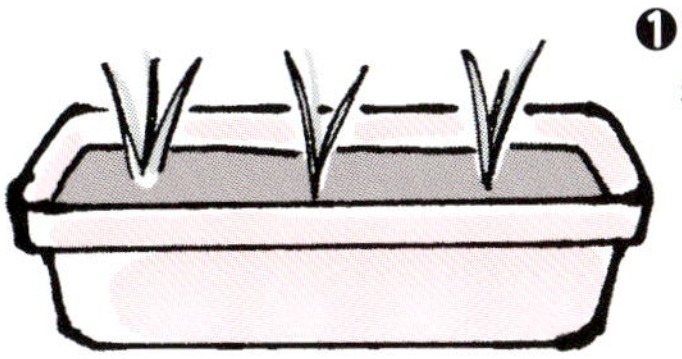

❶プランターなどの容器に土を入れ、30cmくらいの間隔をあけて苗を植える。

❷土の上１cmほどになるように水をはる。

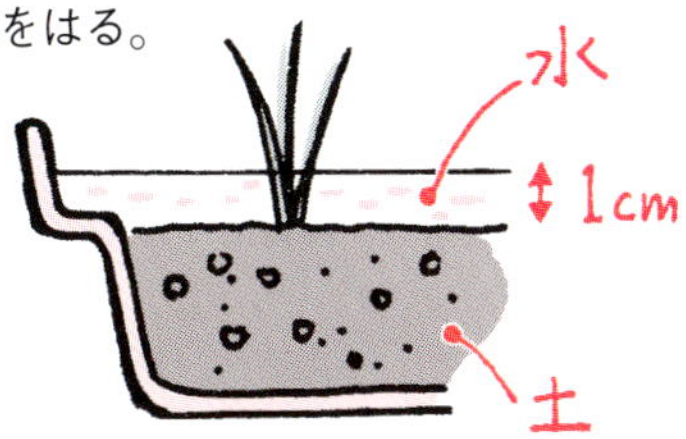

古代米って？

何度も改良をくり返され、今に至った白米に対し、一時はほとんど栽培されなくなった赤米や黒米などは、あまり改良されることがなかったため、古代の米の性質を受け継いでいます。このような米を総称して古代米といい、黒米、赤米、緑米などがあります。

米の色だけではなく、のぎや稲穂の色も白米とは異なります。

ポイント

●土の上１cm程度の水をつねに欠かさないようにする。
●雑草が生えてきたら抜く。

● 収穫の方法

❶穂がたれ、米がしっかり色づいたら稲を刈る。穂が出てから50日程度が目安。

❷刈り取った稲を乾かす。

❸脱穀する。少量なら、割りばしで挟むようにしてしごく。

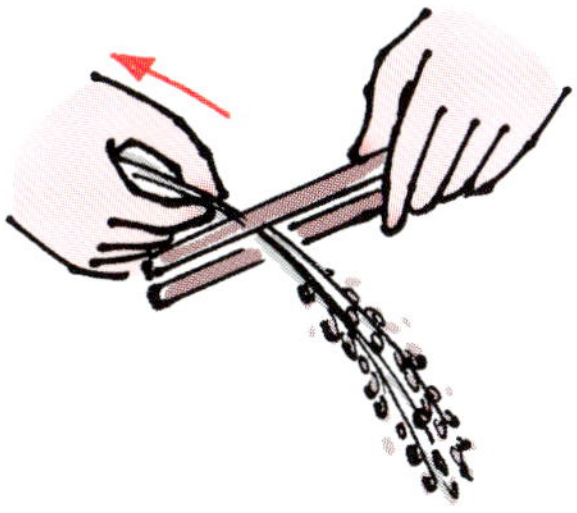

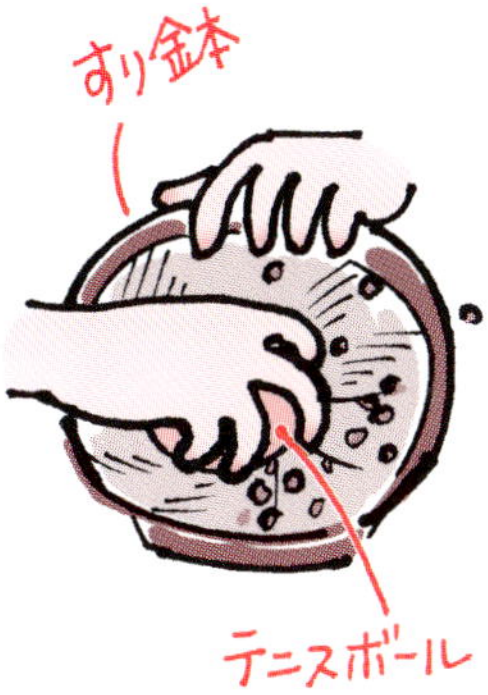

❹もみすりをする。もみの粒をすり鉢に入れ、テニスボールでこする。

収穫したら白米に混ぜて炊いてみよう。
白米に、1割程度の古代米を混ぜて炊きます。黒米、赤米、緑米など、それぞれに違った色のごはんが炊き上がります。ちなみに、赤米は赤飯のルーツだとする説もあります。

手軽な栽培を楽しもう②

低い年齢児には、あっという間に生長して食べられる短期栽培がおすすめです。もやしや落花生、スプラウトなど、栽培キットも販売されていて、手軽に栽培を楽しめます。

豆もやしを作ろう

大豆を使って、豆もやしを作りましょう。市販のもやしとは様相が大きく異なりますが、これも立派なもやしです。

用意するもの

- 底の平らなザル
- 水受け用のボウル
- ポリ袋
- 大豆

作り方

❶大豆1/2カップを水３カップに１晩浸けておく。

❷❶の大豆をザルにあげ、重ならないよう広げる。

❸ボウルの上にザルをのせ、10箇所ほど穴を開けたポリ袋をかぶせる。

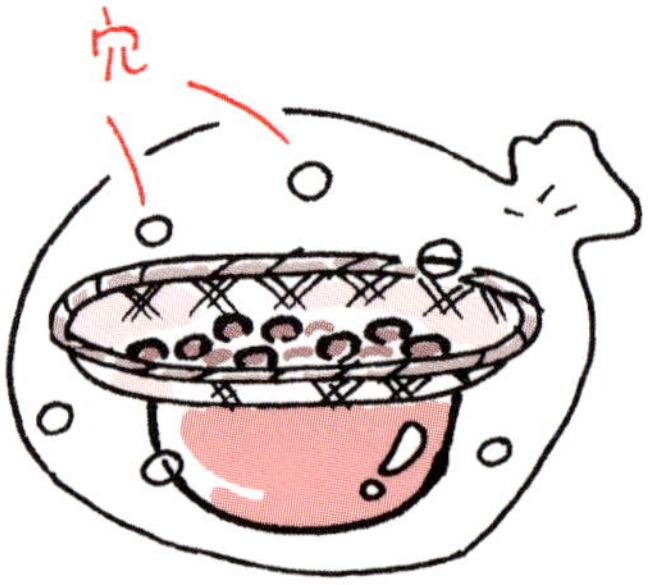

❹❸を直射日光の当たらない場所に置き、１日２、３回ポリ袋をはずして流水に当てる。

❺大豆から芽と根が伸びて、芽が１cm程度になったらできあがり。

※ 冬はできるだけ暖かい場所に置くようにします。

- 市販のもやしとどう違うかな？比べてみよう。
- 10分ほど蒸して、何もつけずに食べてみよう。
- 大豆を蒸したのと、味は違うかな？食べ比べをしてみよう。

スプラウトを育てよう

日に日に大きくなるのが楽しいスプラウト栽培。子どもたちにおなじみの食材「ブロッコリー」のスプラウトを育ててみましょう。

用意するもの

・ブロッコリースプラウトの種
・あきびん、豆腐のあきパック、深めの皿などの容器
・キッチンペーパーまたは脱脂綿
・霧吹き　・新聞紙

※ブロッコリースプラウトの種は農協（ＪＡ）、園芸店などで購入できる。

● 作り方

❶スプラウトの種を一晩（6～12時間くらい）水につける。

❷種をザルにあげ、水を切る。

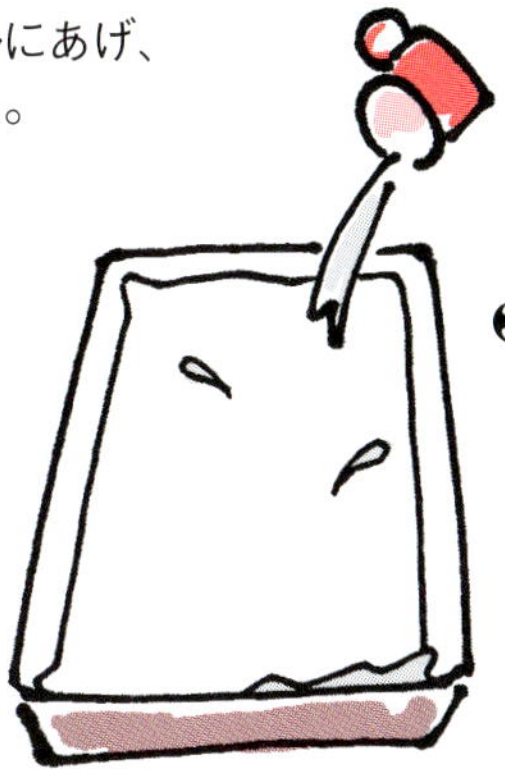

❸容器にキッチンペーパーまたは脱脂綿を敷き、たっぷり水を含ませる。

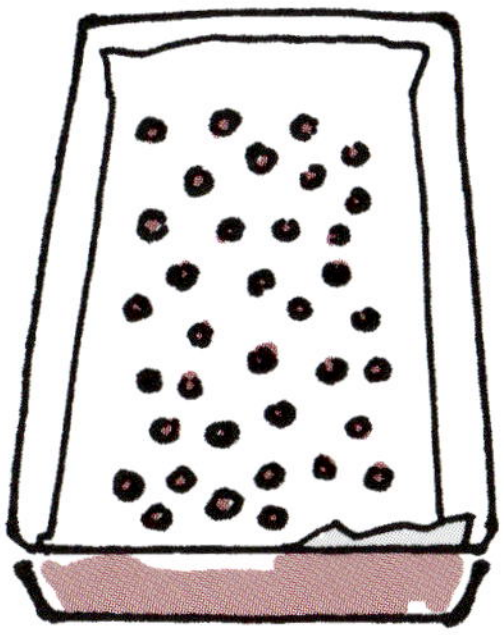

❹❸の上に重ならないように種をまく。

❺直射日光の当たらない場所に置き、種が乾かないように霧吹きで１日４～５回くらい水を与える。

❻ 7～10日で、食べられるくらいに育つ。

スプラウトとは？

野菜などの種を発芽させた若い芽のことで、大豆もやしやカイワレ大根などもスプラウトの仲間です。そのまま生長させるとそれぞれの野菜になるはずですが、種をスプラウト用に品種改良しているものもあり、全てが野菜になるわけではありません。

また、スプラウトにはこれから生長していくために必要な栄養素が凝縮されているため、成熟した野菜に比べ何倍もの栄養が含まれています。

いろいろな種類のスプラウトの栽培キットも発売されており、手軽に栽培を楽しむことができます。

スプラウトを楽しめる野菜

・ブロッコリー
・そば
・ラディッシュ
・アルファルファ
・レッドキャベツ
・マスタード
・クレソン
など

収穫した野菜をみんなで味わおう①

収穫した野菜を楽しくクッキングして味わうアイデアです。年齢に応じて、できるところを子どもがチャレンジしましょう。カセットコンロなどを使えば、調理設備の整っていない園でも楽しめます。

ジャガイモのみそ汁を作ろう

坂戸あずま幼稚園のアイデア

（関連記事42ページ）

収穫したジャガイモを洗って、皮をむいて、切って…。みそ汁ができるまでのあいだに、おにぎりも作ります。

※ジャガイモ以外の収穫した野菜でも活用できます。

用意するもの

・バケツ　・たわし　・アルミホイル
・ネット　・包丁　・ボウル　・なべ
・お玉　・まな板（牛乳パックで代用可）
・カセットコンロ
（家から）・おべんとう（おにぎりを入れるスペースをあけて、おかずだけを入れて家から持ってくる）　・はし　・おわん

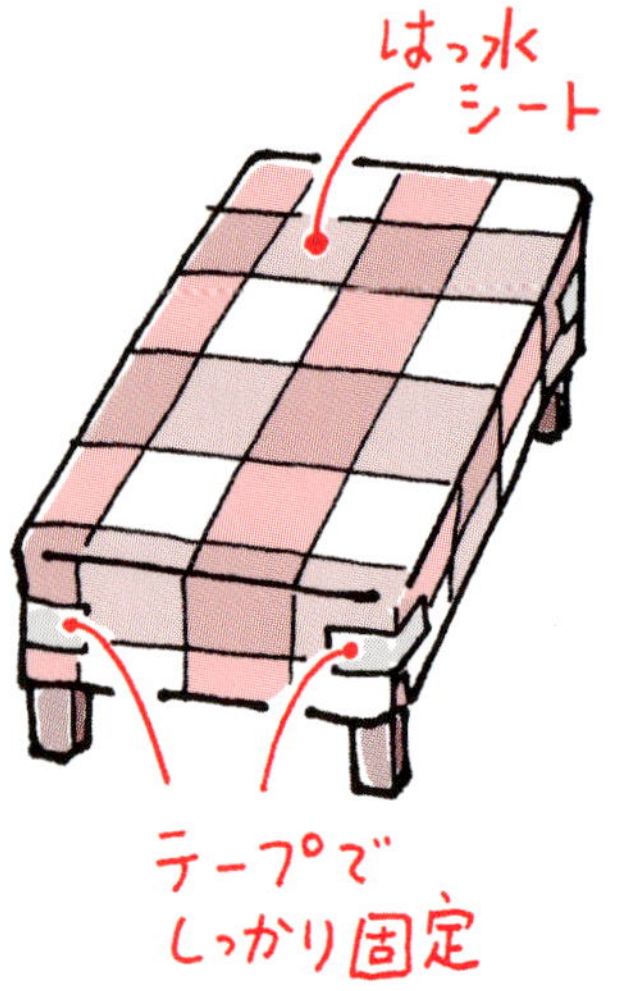

準　備

作業用のテーブルの準備

机にはっ水性のシートなどを敷き、テープなどで固定する。

材　料

・収穫したジャガイモ
・だし（かつお節）
・みそ
・おにぎり用ごはん

ジャガイモのみそ汁の手順

❶ジャガイモを洗おう（2歳児からできます）

テーブルに水を入れたバケツを用意し、バケツの中で泥つきのジャガイモを洗います。
水が汚れたら新しいものに替えましょう。

❷たわし、ネット、ホイルでむこう

収穫したてのジャガイモは皮が薄いので、ピーラーやスライサーなどを使わずにむくことができます。皮むきが難しい年齢は、保護者の方にご協力いただきましょう。

● ラップおにぎりを作ろう

みそ汁ができるまでのあいだ、おにぎりを作ります。

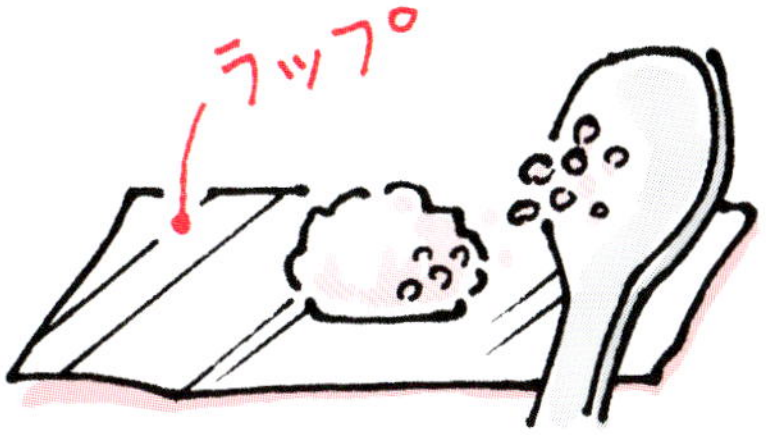

❶自分でごはんをよそって、ラップにおく。

❷ラップで包んで、ギュッとねじる。

❸１度開いてふりかけをかけ、もう１度ラップをする。

● おべんとうを完成させよう

おかずのみのおべんとうを持参してもらい、できたおにぎりをつめればおべんとうの完成。

できあがったみそ汁をよそってもらって、みんなで「いただきます」。

❸ジャガイモを切ろう

年齢・発達に応じて、包丁を使う体験をしましょう。保育者は包丁を扱わせる際、「約束」を子どもたちといっしょにしっかり確認してから始めます。子どもたちがひと通り体験したら、残りは保護者にお願いしてもよいでしょう。

ポイント

みそ汁作りの仕上げは、保護者の方に任せます。だしをとる、ジャガイモを入れる、みそを溶き入れるときなどに「おだしのいいにおいがするね」「ジャガイモが柔らかくなったよ」などと保育者が言葉がけをして、子どもたちの興味をつなぎます。

Plus 1 クッキングの「約束」

安全で楽しい時間になるように、子どもと約束をしっかりしてから、クッキングを始めましょう。

- エプロン、三角巾をつけよう。
- 石けんで手をしっかり洗おう。
- 包丁やはしなどの道具を使うときは、人に向けたり振り回したり絶対しない。
- 走り回ったり、ふざけたりしない。
- 先生の言うことをちゃんと聞く。

収穫した野菜をみんなで味わおう②

子どもたちが育てて収穫した野菜や果実を主役にした「○○パーティー」でみんなでいっしょに楽しく食べるアイデアです。調理は、調理師や保育者、保護者が担当します。クッキングを子どもたちの目の前で実演しても楽しいです。

収穫したジャガイモを使って「フライドポテトパーティー」

敬愛学園グループのアイデア（関連記事40ページ）

収穫したジャガイモは子どもたちの大好きなフライドポテトにします。山盛りのフライドポテトを前にして、子どもたちは大喜びです。

用意するもの

- 大きめの紙コップ
- ボウル
- トング（はさむもの）
- 折り紙
- 油性ペンなど

●手　順

❶紙コップに好きな絵を描き、折り紙を貼るなどして、自分だけのオリジナルの紙コップを事前に作る。

❷調理のスタッフが収穫したジャガイモをフライドポテトにする。
※調理のスタッフがいないところでは、保育者が行う。

❸大きなボウルにフライドポテトを盛る。

❹ホールなどの会場に1箇所テーブルを設置し、フライドポテトが盛られたボウルを並べる。

❺子どもはひとり一つずつ紙コップを持ち、好きなだけ紙コップにフライドポテトを入れてもらい、クラスごとに、好きな場所に座って食べる。

❻おかわりは自由。紙コップが空になったら、また好きなだけ入れてもらう。

敬愛学園グループでは、「ジャガバタパーティー」で楽しむこともあります。

収穫したウメで作った梅シロップで「かき氷パーティー」

敬愛学園グループのアイデア

（関連記事40ページ）

収穫して作った梅シロップを、かき氷にかけていただきます。だんだん梅シロップができてくるようすに、「かき氷パーティー」がますます心待ちになります。

用意するもの

・かき氷機
・カップ
・スプーン
・シロップ　数種類
・トッピング用の小豆あん、フルーツなど

●手　順

❶園庭の木陰に、「かき氷やさん」を設置する。
※子どもたちが好きなシロップやトッピングを選べるようにしておく。

❷子どもはひとりずつ器にかき氷を入れてもらい、好きなシロップを選んでかけてもらう。その上に、小豆あんやフルーツを好きなだけのせてもらう。

❸クラスごとに園庭のいろいろな所に座って、かき氷を食べる。

敬愛学園グループでは、「梅ジュースパーティー」で楽しむこともあります。

梅シロップを作ってみよう

●材料

・ウメ
・氷砂糖（分量は、ウメと氷砂糖1対1の割合）
・密閉容器

❶子どもたちが、収穫したウメを洗う。
※子どもたちが洗った後、保育者が密かにていねいに洗い直す。

❷水気をよくふき取り、子どもたちがウメにフォークで穴をあける。

❸1kgずつ袋に入れ、冷凍する（ウメの組織が破壊され、抽出液が出やすくなる）。

❹まんべんなく凍ったら取り出し、容器にウメと氷砂糖を交互に入れる。
※保育者が子どもの前でやってみせる。

❺部屋の暗いところに置き、1日に数回軽くふる。

❻氷砂糖が溶けて梅シロップになっていくようすを見る。

❼約1週間程度でできあがり。

食材展示をくふうしよう

子どもや保護者の、食材への興味が広がる展示のアイデアです。

当日の食材を並べて

おさなご保育園のアイデア

（関連記事48ページ）

朝、給食室のカウンターに、その日のランチに使う食材を並べます。野菜は葉付きのまま、魚や肉も並べます。子どもたちが触ったり、においをかいだりして、自由に食材に触れられるようにします。

保育者は、「これはとり肉だね。どんなお料理になるのかな?」「ピーマンがいっぱいあるね。どんなふうに変身するかな?」などと、並んでいる食材が給食のメニューになることを意識しながら、子どもたちに個々の食材への関心をひくような言葉をかけます。

給食の時間には、「さっきのとり肉、どこにあるかな?」「給食室の先生がシチューにしてくれたね」などと、朝見た食材が、人の手が加わり、今、目の前の料理になって、自分の口に入ることを、しっかり伝えていきます。

季節の食材はレシピを添えて

敬愛学園グループのアイデア （関連記事40ページ）

旬の食材やめずらしい食材は、保護者にも紹介します。その場合、子どもの送り迎えで保護者が必ず通る場所に展示するのがよいでしょう。親子でいっしょに見て、触れて、会話のきっかけにもなります。

また、それらの食材を使ったレシピカードを用意し、自由に持ち帰れるようにします。園でお母さんといっしょに見て、給食で食べて、また家の食事にも登場すれば、子どもの食材への興味は一層高まります。

保護者の知らない食材や、調理したことのない食材はたくさんあり、積極的に展示して、保護者の関心も高められるといいですね。

器に入れた乾物を教室に

狛江子どもの家のアイデア （関連記事44ページ）

園の給食で頻繁に登場する乾物を、ガラスの容器に少しずつ入れて、名前カードを添えて教室に展示します。ふだん目にすることがあまりない乾物も、展示してあるだけで子どもには身近な存在に。給食時には、保育者が「きょうはどのお豆が入っているかな？」「かちかちのお豆が柔らかくなったね」などとくり返し話をするうちに、真っ先に豆を探して食べる子どもも出てきたりして、大人気の食材になります。

食事のマナーを確認しよう

食前・食後のあいさつの意義、食べる姿勢、はし使いを確認し、子どもたちに正しく伝えましょう。

食前・食後のあいさつ

「いただきます」

「野菜や肉、魚の命をいただく」というところから、食べることへの感謝の気持ちが込められた言葉。

「ごちそうさま」

ご馳走様の字のとおり、食材を求めて走りまわったことへの感謝の気持ちを込めた言葉。

食べる姿勢

- いすに座って、テーブルが胸とおへそのあいだにくるようにする。
- いすの奥まで深く腰掛けて、足がブラブラしないようにする。
- おなかと机のあいだに、握りこぶし1個分あける。
- 奥まで深く腰掛けられない場合は、背中に座ぶとんやクッションを置く。
- いすが高くて足がブラブラする場合は、踏み台を置く。

正しいはし使い

はしを使い始める目安

- はしに興味を示し、使いたい気持ちが出てきたとき。
- フォークで刺す、すくうなど、力を加減して食べられるようになってきたとき。

フォークからはしへの移行時のポイント

- じょうずに食べられないうちは、スプーンやフォークも併用するが、毎日少しでもはしを使う経験をする。
- 移行を急がず、少しはしを使ったら、スプーンやフォークに戻して、食べる意欲を途切れさせないようにする。

正しいはしの持ち方と動かし方

- 1本を、軽く鉛筆を握るように持ち、親指を人差し指の第一関節あたりに添える。
- もう一本のはしを、親指の付け根と薬指で支えるように持ち、2本のはし先をそろえる。
- 下のはしは固定させ、上のはしだけを動かしてはさむ。

4章

実践レポート わが園の食育

取材と執筆・クッキーボックス

各地の園で実際にどのような実践が行われているかは、興味のあるところ。本章では、食育に力を入れて取り組んでいる保育所・幼稚園のようすをレポートします。

実践レポート1

千葉県・和光保育園

自分で行動できる生活

食事の時間を告げる声もチャイムもありません

周囲の自然と一体になった園庭と、築年数は新しいものの、昔の懐しさを感じさせる園舎が、互いを見通せるように建っている和光保育園。ランチタイムには、食事をする子と遊ぶ子の両方の姿がありました。

お昼の合図は食事を運ぶ保育士さんの姿

和光保育園の昼の食事は、離乳食の0歳児から始まります。台所から0歳児の食事を運ぶ保育士の姿が、2～3歳児には「そろそろお昼」の合図。保育士はいっしょに遊んでいる子どもらに「ごはんのしたくをするね」と声をかけて部屋に戻り、部屋と廊下の掃除をし、エプロンを替えます。掃除を終えて台所から食事を運ぶころには、あそびを終えた子どもらが部屋に戻り、食事を自分でテーブルに運び、したくの整った子から食べ始めます。まだ遊んでいる子には、保育士が「そのあそびが終わったら来てね」と声をかけ、自分から来るのを待ちます。

食事を始める子がいる一方、園庭ではまだ遊んでいる子もいます。ときにはあそびが長引いて、食べ終わるのが遅くなることも。そんなときは台所に食器を片づけに行って「遅くなってごめんなさい」とひと言。

食事の時間だけど、遊びたい子は遊んでもいい

「何時何分に食事を始める、とはしていません。だから食事の時間でも、もう少し遊びたい子は、遊んでもいい。では、食べないで遊ぶのもいいのかというと、そうはなりません」とは園長の鈴木眞廣先生。子どもは自分で気持ちを切りかえてじきに食事をしに来るのだそうです。

時間を見計らって食事のしたくを始める4～5歳児

4～5歳児は、2～3歳児の保育士が食事を運ぶ姿を見て「もう少しでお昼だな」と見通しを立てながら遊びます。2～3歳児が食事を始めると、当番やお手伝いをしたい子どもはあそびを切りあげ、食事のしたくを始めます。お昼の時間を告げるチャイムや音楽、保育士の「ご飯の準備を始めては」がなくても、子どもたちは自分の判断であそびから食事へと行動を移します。年齢が上がるにつれ、時間を見計らって行動できるようになるのだそうです。

「子どもにまかせるとバラバラになるかもと心配するけれど、子どもを信じると、やれるんだよ」と鈴木先生は言います。「大人の指図を受けなくてもできることが本当の生活文化なんだよね」とも。20年以上に及ぶ「子どもが自分で判断して行動できる環境づくり」の成果は、食生活においてもしっかり根付いていました。

親子が必ず通る玄関の隣が台所。「登園時にその日のお昼に関する親子の会話も聞こえます。お母さんに、台所のにおいから自分の子がお昼に何を食べているのかを想像して安心してほしいと思います」と保育士の鈴木千鶴子先生。

↑0歳児の部屋には、小さいカウンター式のキッチンが備えられ、温め直しもできるようになっています。

食事前に必ずぞうきんがけをします。

↓4歳児は手伝いをしたい子がエプロンをつけて食事の準備。5歳児は、当番がクラスみんなの分を準備します。

ひとくふう

【夏も体を温める献立】
午前中、水あそびでたっぷり遊ぶ和光保育園の夏の給食は、煮物やシチューなど、体を温める献立が中心です。

【みんなで アレルギー食を食べる日】
月に1回、アレルギー食を食べる日を設けています。アレルギーの子にはみんなと同じものを食べられる喜びと、自分にはこの食事が大事だという気づきにつながっています。

実践レポート❷

東京都・文京区立湯島幼稚園

16種類の果樹の恵みを味わう 「食べることが楽しい」という思いをはぐくむ

高いビルが立ち並ぶ大都会にあって、豊富な緑に囲まれた湯島幼稚園。人工芝生の園庭であっても、立派な菜園が造られていて、自然あふれる空間が広がっていました。

収穫から親子の共通体験へ

湯島幼稚園には、カキやリンゴなど16種類もの実のなる木々があり、実ったくだものは、みんなで収穫を楽しみます。「いろいろなくだものを食べることで味覚が育ち、それが『食べることって楽しいな』という思いにつながっています」と園長の鳩山多加子先生。迎えの保護者も一口ずつ味見。「おいしかったね」などの会話も生まれ、親子の共通体験にもなっています。

栽培活動の長所を活かす

野菜の栽培活動も盛んで、ジャガイモやブロッコリーなどを栽培しています。ほかにも、年齢ごとに栽培を行っていて、3歳児はキャベツなどをプランターでみんなといっしょに、4歳児

生長や収穫のようすは、保護者はもちろん地域の人にも見てもらえるように、門のそばに展示します。

はミニトマトをひとり一鉢ずつ栽培します。「売っているミニトマトしか見たことのない子どもたちが、花が咲いて青い実がつき、それがだんだん赤くなることを目で見て知る。このような発見があることが栽培のよさ」と鳩山先生。

5歳児は、ナス、ピーマン、インゲンの中から自分で選んだ苗を、親子でいっしょに植えます。この栽培を通して、家では嫌いな野菜を「食べられるようになった」という声も。中には、子どもたちの栽培にかかわって、野菜の自然の姿を初めて知ったという人も多く、保護者にもよい経験になっているようです。

保育者の役割とは、食の過去の体験と今をつなぐこと

栽培や収穫の体験をその場だけに終わらせず、家庭での食事と関係づけ、子どもたちにより確かな記憶と満足感を与えるのが、湯島幼稚園の食育です。その一つの方法として、保育者は園での栽培や収穫のようすを、子どもの食事（おべんとう）と意識的に関連づけて伝えます。例えば、べんとうにプチトマトが入っていたら、「園で植えたトマトもこういうふうになるかな」と声をかけます。

「くだものが『なっているね』でやめてしまわず、みんなで食べて、共感し、また次に食べた時に『あの時もおいしかったね』と過去の体験と今を意識的につないであげる。それが保育者の大事な役割」と鳩山先生。

果樹には手作りのプレートを設置。小さな子どもたちにも、何の木なのかがひと目でわかります。

ひとくふう

【おべんとう生活をスムーズに始めるために、1週間はおやつで練習】

入園して、初めておべんとうを食べる、たくさんの人といっしょに食べる、という経験をする子どもたちは、とまどいや緊張でいっぱいです。そこで、おべんとうの始まる前の1週間は、降園前に、みんなでいっしょにおやつをいただきます。食事の前の手順を知り、みんなでいっしょに食べる楽しさを感じることで、おべんとうをスムーズに始められるようになります。おやつの内容も、最初はみんなになじみの市販のおやつからスタートします。

↑ショッピング袋を使ってのジャガイモ栽培。4歳児の2月に植え付け、5歳児になった7月に収穫します。収穫したジャガイモはカレーライスに。

←「カレーライスの日」には、5歳児さんがカレー作りに挑戦。お肉とカレールーの買い物もみんなで行きます。

実践レポート③

東京都・敬愛学園グループ

体験を楽しむことで終わらせない 活動を発展させ、興味を広げることを大切に

家庭での食生活が崩れ始めたといわれる20年以上前から、「食べること」を大切にした保育に取り組み続けている敬愛学園グループ。これまでの豊富な経験をベースに、さらなる新しい取り組みへと、積極的に「食育」に取り組む姿がありました。

食育活動の二本柱

敬愛学園グループ各園の食育活動には、主に二つの柱があります。一つは日常の生活の中で行う活動。もう一つは、園の年間の指導計画に沿って全体で行う活動です。

日常の活動では、朝のコーナーあそびの一つとして、子どもたちが園の納入業者から届いた野菜を袋から出し、種取りや皮むきなどの下準備をし、給食室へ届けます。1歳児から参加するこの「あそび」をくり返すうちに、自然と好き嫌いもなくなってきます。

園全体の活動には、栽培や収穫、クッキング活動に加えて、専門家を招いての教室がありま す。豆腐や米・魚の業者に食材について説明してもらうもので、4～5歳児が参加します。保

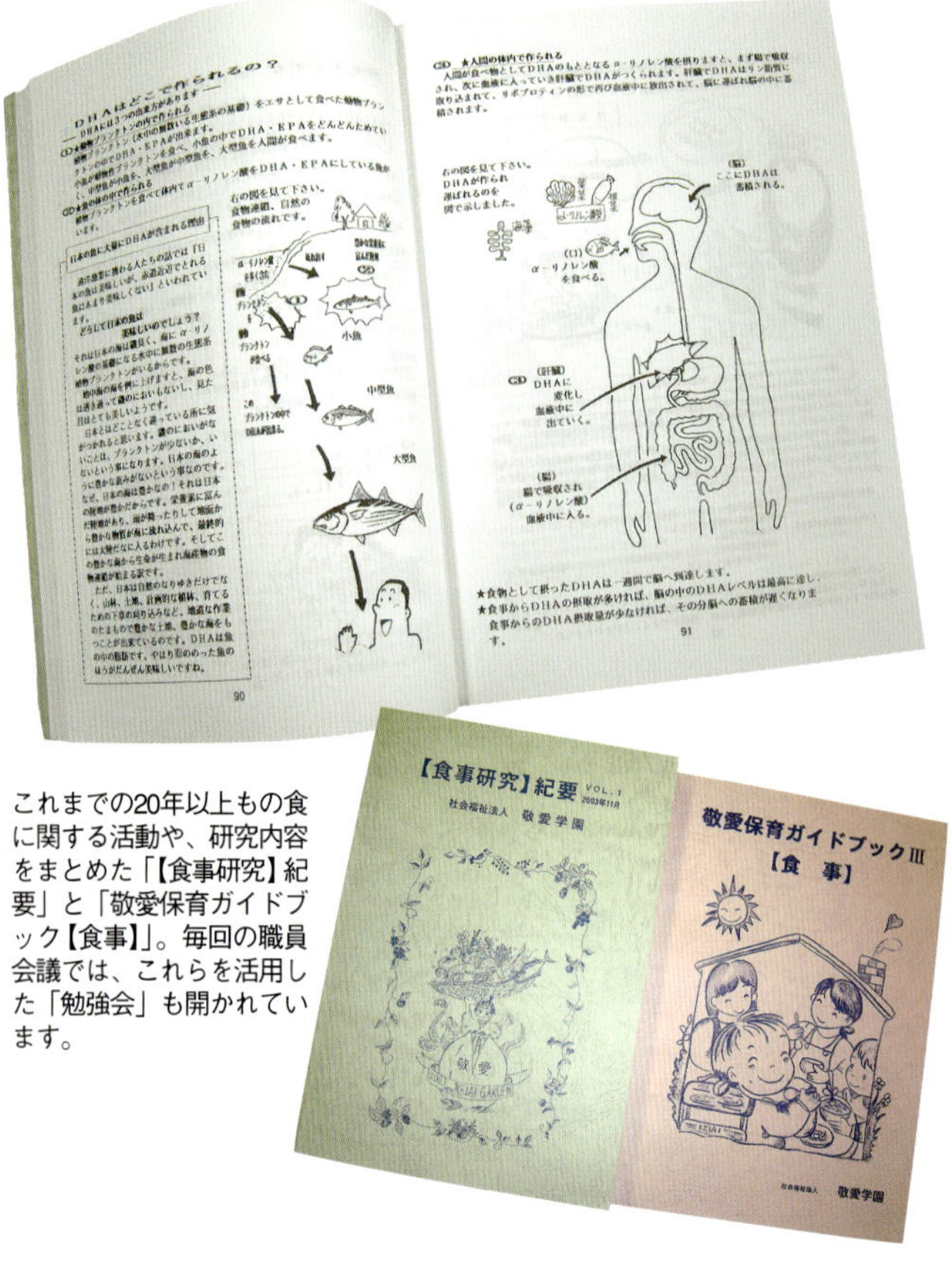

これまでの20年以上もの食に関する活動や、研究内容をまとめた「【食事研究】紀要」と「敬愛保育ガイドブック【食事】」。毎回の職員会議では、これらを活用した「勉強会」も開かれています。

育者も引き込まれる「その道のプロ」のお話に、子どもたちはその日から、「ごはん大好き」「お豆腐大好き」「魚大好き」となるのだそうです。

体験を楽しむだけでは終わらせない食育活動

敬愛学園グループの「食育活動」で、もっとも大事にしているのは、体験を楽しむだけで終わらせないことです。ソラマメのサヤむきをしたらソラマメの絵本を読む、ピーマンの種取りをしたらピーマンの本を読むなど、活動を発展させ、興味を広げるあそびへとつなげていきます。豆腐屋さんが来たときは、豆腐ができるまでをすごろくにし、八百屋さんが来たときは、野菜のかるた作りをして、くり返し遊びました。

子どもの興味を保護者へ

園の子どもたちの興味を、保護者にも持ってもらうため、活動のようすはデジカメで撮り、その日のうちに貼り出します。「子どもといっしょに食育を楽しんでいます」と発信するうちに、保護者も食に興味を持つようになります。

クリ拾いに行ったら、お土産のクリに「栗ごはん」のレシピを添え、献立表を見て保護者から質問を受ければ、レシピを渡して説明します。「ずいき」「トウガン」など、なじみの薄い食材は、実際にレシピを添えて玄関に実物を展示します。料理が苦手なお母さんのための手作りレシピは、かなりの数になりました。

ひとくふう

【子どもの活動】
（食事年間指導計画より、一部抜粋）

4月
- おめでとう食事会
- ヨモギ摘み（5歳児）
- よもぎだんご作り（3歳児）
- よもぎうどん作り（4～5歳児）
- 野菜かるたで遊ぶ（3～5歳児）

6月
- 卵の殻むき（4～5歳児）
- お米とぎ（2～5歳）
- カレーパーティー（3～5歳児）
- クッキー作り（3歳児）
- 梅ジュース作り（3～5歳児）

11月
- 栄養指導を聞く
- ぎょうざパーティー（2～5歳）
- 焼きイモパーティー（2～5歳）
- おはし使用開始（2歳）
- ホットケーキ作り（2～3歳）
- ピザ作り（2～5歳）
- 親子お楽しみ会（4歳）
- クッキー作り（4歳）

1月
- 七草献立
- おしるこパーティー（1～5歳）
- 白菜ちぎり（2歳）
- 手打ちうどん作り（2歳）
- クッキー作り（2歳）
- 大豆すごろくで遊ぶ（5歳児）
- あゆみ展

魚屋さんの教室では、屋外で大きな魚をさばいてもらいました。また園児を代表してひとりの子が大きな魚を落とさないように頑張って持ちました。

米屋さんの教室での質問コーナーのようす。素朴な疑問を米屋さんに尋ねています。5キロのお米の入った袋を抱えたときは「重いー」。後ろには、お米に対して興味津々の子どもたちが並びました。

実践レポート４

埼玉県・坂戸あずま幼稚園

子どもの豊かな発想を生かす
いろいろな経験を通して食への興味を深める

「園・家庭・地域が連携した食育活動」を食育のテーマに掲げ、活動を進める坂戸あずま幼稚園。「内容は担任と子どもたちが相談して決める」というなかから生まれる食育活動は、子どもたちの豊かな発想を導き出し、アイデアあふれる内容に発展していました。

クラス担任と子どもで行う食育活動

園の２００６年度の年間テーマは「元気な体作り」。自分たちが育てている野菜が体にどのようによいのかを、まずは保育者が子どもたちに話します。そこからテーマに添って、どのような活動をするのかはクラス次第。子どもたちのそれぞれの気づきを保育者が読み取り、子どもたちと相談をくり返しながら活動を進めます。各部屋に展示された製作物も、隣のクラスと同じ、というものはなく、それぞれに考え、くふうしたようすが見受けられました。

子どもの豊かな発想が保育者や保護者を巻き込む

クラス活動を主体にした姿勢は園全体のイベン

「レストランの日」。テーブルにはクロスがかけられ、花も飾られて、園のホールが本物のレストランになりました。食事はフォークとナイフを使って食べました。

トでも同じです。収穫したジャガイモでみそ汁を作り、おかずだけを入れて持ってきたべんとうに、自分で握ったおにぎりを入れてランチを完成させる、というこの日のイベントでも、細部はクラスに一任。4歳児は、クラスごとに決めた食材をべんとうに入れることになりました。さまざまな食材が決まるなか、食材によっては苦手な子もいるからと「赤とピンクのおかずを入れてこよう」と色で決めたクラスもあって、子どもの発想の豊かさを感じました。

食べ物に興味を持ってほしいという思いで実施した「レストランの日」

もっと食べるものに興味を持って、食事に対する考え方を正しく身につけてほしいとの願いから、昨年初の試み「レストランの日」を実施。女子栄養大学のレストランに依頼して、その日は園をレストランに模様替え。子どもたちは食事のマナーとは、食事を作る人とサービスをする人、食材を提供する人々への感謝の表現であるという話を聞き、実際にテーブルマナーも教えてもらいながら食事をしました。つなぎを使わないハンバーグやオーガニックの野菜、化学調味料を使わないすべての料理に、子どもたちはみな「おいしーい」。本物の味を経験するよい機会にもなりました。

「レストランの日」に続くイベントでは、親子でパン作りの体験を楽しみました。

5歳児クラスでは、ホイルとネット、たわしを使って、ジャガイモの皮のむき比べをしました。

各クラスの展示。木になる食べ物、土で育つ食べ物などを1枚の絵に表したもの、人の体と食べ物のかかわりをまとめたものなど、力作ぞろい。どれも子どもが自分たちで調べてまとめました。

自分で握ったおにぎりをつめておべんとうが完成。おべんとうを見せ合ったり、みそ汁やおにぎりをおかわりする子もたくさんいて、にぎやかなランチタイムになりました。

実践レポート⑤

東京都・狛江子どもの家

0歳から始まる食育
「おいしいね」と食べられる子どもに

食育のテーマは「できることから始めよう」。0歳からの食育に取り組む狛江子どもの家には、子どもたちが無理なく、楽しく取り組める活動のアイデアがあふれていました。

0歳児から「おいしいね!」

狛江子どもの家の食育は、0歳児の「おなかを満たすここちよさを味わう」ことから始まります。食べる機能の発達に合わせた調理形態を「食育の教材」と考え、保育者や栄養士が、子ども一人ひとりのようすをしっかり見ながら、離乳食を進めます。「咀《そ》しゃくや飲み込む力が順調に育つことが、『おいしいね』と食べられる子どもへつながる」とは栄養士の葭原《よしはら》智子先生。保護者には、園で作成した冊子『ほいくえんの離乳食』を配布し、4段階の離乳食を毎日展示して、離乳食作りの参考にしてもらっています。

発達に応じて行う食育

野菜に興味を持ち、名前も言えるようになって

タマネギの収穫。人数分はないので、みんなで少しずつ分担して、収穫を楽しみます。収穫したタマネギは、すぐに洗って切り、ホットプレートで焼いて、みんなで少しずつ味わいます。

くる1歳児は、実際の食材に触れる機会を大事にします。2歳児になるとソラマメのサヤ出しなど、簡単な手伝いを始めます。3歳児では、栽培からクッキングへと、食育活動はさらに活発になります。団子、みそ汁やパン作りなど、回を重ねるうちに、調理中の材料の色やにおい、感触の変化にも気づくようになる子どもたち。給食のおかずに「これ、どうやって作るの?」「作りたい」といった声があがり、食への関心が高まっていくようです。

きちんと魚をはしで食べられる子に

地域との交流と流通のしくみを知るきっかけにと、年に1度、地元の魚屋さんに来てもらい、いろいろな魚を見せてもらったり、目の前で大きな魚をおろしてもらっています。「大きな魚が、だんだん切身の形になると、『サケだ』『おうちにあるよ』と、子どもたちは初めて自分の食べたことのある魚だと気づきます」と葭原先生。そしてこの日、3歳児は、魚屋さんといっしょにひとり1尾の魚を食べる体験をします。それまでは切身しか食べたことのない子も、悪戦苦闘しながらの食事。でもこの日から月に1~2回、1尾の魚を食べていくうちに、だんだんじょうずになります。事前にくり返す、折り紙の魚での食べ方の練習は、保育者からの発案。「保育者からもアイデアがあがってくるようになりました」と葭原先生。

保育の場でアイデアが広がった食育あそび「モグモグかくれんぼ」(62ページ参照)。2歳児の後半に導入しますが、半年近く毎日くり返した3歳児には少し簡単すぎるようになったと、今、新しいあそびを考案中。

冊子「ほいくえんの離乳食」。入園時、保護者に配布します。離乳食の進め方から食材別の調理方法までを詳しく解説しています。

ひとくふう

【折り紙の「開く魚」で魚を食べる練習】

まず真ん中の切れ目にはしを通す練習。今度はそれを、上、下と開きます。魚の食べ方を学ぶだけでなく、はし使いの練習にもなります。保育者からの提案です。

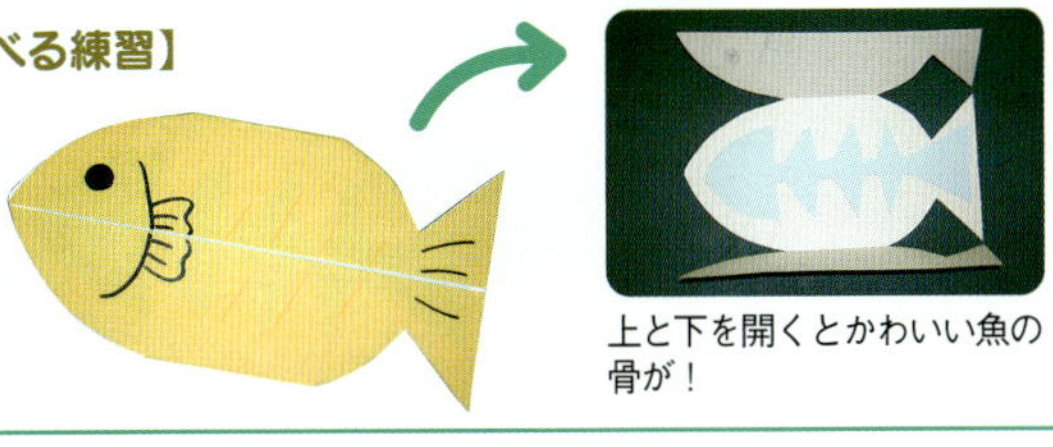

上と下を開くとかわいい魚の骨が!

実践レポート⑥

東京都・渋谷区立山谷幼稚園

おべんとうの園の食育

食べ物に関心を持ち、食の力を知ってほしい

園庭の真ん中にある大きなカキの木がシンボルの山谷幼稚園。都会の園ながら自然に恵まれた環境を活かした栽培、収穫、調理活動、月1回の体験給食と、さまざまな食育活動が展開されていました。

和食が人気、体験給食の秘密は?

山谷幼稚園では、月に1度、隣接する小学校を訪れての体験給食の日があります。人気のメニューは和食の献立。つみれ汁をおかわりし、乱切りのゴボウの入ったキンピラごはんをペロリと食べる子どもたち。そんな子どもたちのようすとその日の給食のメニューを園だよりで知らせて、家庭での献立作りの参考にしてもらいます。体験給食は、家ではなかなか口にできない素材やいろいろな味に親しむことができ、子どもたちにはよい経験になっているようす。「毎日のおべんとうには半加工品が多くて、煮物などはほとんど入っていませんから、給食の味が新鮮なんでしょう」と副園長の話。

園の中心にある大きなカキの木での収穫。「たくさん実がなるのですが、残念ながら渋ガキ。みんなで干し柿を作ったり、渋抜きをして食べたりします」と樋口先生。渋抜きの方法を添えて、家庭へのおみやげにもします。

「まごわやさしい」べんとうを推奨

先生は子どもたちに少しでも体によいおべんとうをとの思いから、ランチタイムには園児のべんとうを見て回り、「『まごわやさしい』はいくつ入ってた?」と一人ひとりに声をかけます。「まごわやさしい」がたくさん入っていると体にいい食事だということを知り、自分から親に「お豆を入れて」「野菜を入れて」と注文をする子も出てきたとか。園だよりや保護者会でもくり返し伝えるうちに、保護者の意識も変わってきたそうです。

身近なものが食べ物になると認識させる

黒土に腐葉土と肥料を混ぜての土作りから始める栽培は、ナス、ピーマン、パプリカ、ミニトマト、キュウリ、枝豆、オクラ、トウモロコシ、サヤエンドウ、ジャガイモ、サツマイモ、クワイ、お米と盛りだくさん。園庭には、果実も豊富で、収穫したもののほとんどは、子どもたちが調理して食べる体験をします。

中でも2月に行われる「竹パン」の会は、地域の人や保護者、交流している小学生も招待しての一大イベント。前日に作ったパン生地を、一人ひとり細い竹に巻いて、炭火で焼いて食べます。中に入れるジャムも子どもたちの手作り。「自分たちの身近にあるものが口に入り食べ物になることをきちんと認識させていくことが大事」と副園長。

「竹パンの会」のパン生地作り。前日に保育者、園児総出で生地を作り、一日寝かせます。

収穫した夏ミカンのジャム作りは5歳児が担当。4歳児はイチゴジャムを作ります。調理活動は、保護者手作りのエプロンと自分たちで染めた三角巾を身につけて行います。

「竹パンの会」の当日は、生地を竹に巻きつけ、炭火の上でコロコロ回しながら焼きます。竹を抜くと中は空洞。中にジャムやあんこを入れていただきます。「焼きたてはおいしい!」と、ひとり3～4本はペロリ。

【ま・ご・わ・や・さ・し・いとは】

ま＝豆
ご＝ゴマ
わ＝ワカメ（などの海藻類）
や＝野菜
さ＝魚
し＝シイタケ（などのキノコ類）
い＝いも（イモ類）

日本人が昔から食べてきた、日本人の体に合った食材を表しています。

実践レポート⑦

兵庫県・おさなご保育園

調理室から広がる食育の輪
楽しく、おいしく食べられる子

調理室が園の中心に位置するおさなご保育園は、その園の構造だけではなく、実践においても、調理室が「食育」の中心になっていました。

必ず通る調理室は格好の食育の場

玄関を入って真っ先に目に入るのは調理室のカウンター。その上には、その日の給食の食材が朝からずらりと並んでいます。「きょうのごはんなーに？」とカウンターにかけつける子どもたち。給食のしたくを進める調理師は、手を止め、子どもたちに「お野菜、持ってみる？」「カボチャのおなかは、どんなんかな？」と声をかけます。子どもたちは野菜を持ったり、においをかいだり…。しばらく野菜と触れあってから部屋へと入っていきました。

調理室は、玄関から部屋に向かうのに必ず通る位置にあります。前を通る子ども一人ひとりに声をかける調理師。通るたびに中をのぞきこむ子もいて、「子どもたちは、昼食が少しずつで

10か月児から調理室の中が見えるようにと、カウンターの高さは68cm。上に並べられている野菜は、できるだけ葉っぱつき、根っこつきのものを農園から届けてもらっています。

きてくるのをはだで感じ、料理の香りに包まれながら昼食を楽しみにしています」。

食材や献立名を知ることで、食への関心を高めていく

1～2歳児のクラスだけは、担任といっしょに調理室へ食材を見にいきます。担任が食材を触ったり持ったりして感想を言葉にして伝えます。それを見て、子どもたちは食材への興味を深め、少しずつ調理室にも親しみをもつようになるのだとか。

また、2歳児からは、当番が調理室にメニューを聞きに来て、献立名をみんなに伝えます。この日の献立は「冷しゃぶサラダ」。2歳児には、少し難しい献立名ですが、一生懸命に覚えます。このくり返しが、食への興味を高めていきます。

心からの「ごちそうさま」を大事に

盛り付け、配膳を自分たちでし、食卓を整え、4歳児は5歳児と同じ場所で昼食をとりました。異年齢が同じ場所で食べると、食べっぷりや行儀などを意識し、刺激を受けます。また、ある程度決められた時間の内で食事ができるよう時計を意識させたりもします。最後に、「ごちそうさま」をして、自分で片づけ。この声がいつも満ち足りたものであってほしいとの思いが次の食育へのくふうへつながっています。

クッキングでは、子どもたちが見通しを立てて作業を進めることを大事にしています。そのために作り方の手順をわかりやすく、大きく貼っておきます。写真は、トマトライスの作り方。

カウンターにはおかわり用の料理が並べられ、子どもたちは自分でおかわりをしに来ます。カウンターに来た子どもに、調理師は必ず声をかけます。

「今日は冷・しゃ・ぶ・サラダです」となんとか献立名を伝えた2歳児のお当番さん。もうたくさんの献立名を覚えました。

5歳児は正座をして食事をします（4歳児まではいすで食事です）。年齢の違うクラスがいっしょに食事をすることで、互いの刺激になっています。

ひとくふう

【誕生日はその子のリクエストでクッキング】

自分の誕生日に何を作りたい（食べたい）のかを、4月にみんなに聞いておき、子どもの誕生日に、そのクラスは誕生児が選んだメニューを料理します。

シチューやグラタンが人気ですが、カレイの煮付けなどの渋いメニューのときもあります。

【3歳のお誕生日から「はし」を持ちます】

自分の誕生日が来るとはしを持てるということを、子どもはちゃんと理解し、その日を心待ちにしています。

実践レポート❽

静岡県・静岡恵明学園芙蓉台保育園・恵明コスモス保育園

食育イベントの実施
自分で食べたいものを選んで食べました

「食」を中心に据えた新しい園舎を建設中の芙蓉台保育園。専門家を招いての食育イベント「お楽しみスペシャルランチ」では、「子どもが自分で選んで食べる食事」にチャレンジしました。

子どもが食べたいものを選ぶ初の試み

「『食育』を意識した活動はまだ始めたばかり」と園長の杉村先生。でも、3万坪の土地を借りてミカンや野菜の栽培、タケノコ狩りや1泊キャンプでのおにぎり作りなど自然に恵まれた環境を生かし、子どもを主体に考えたこれまでの活動は、実は「食育」だったのです。

　そんな中、6月に恵明コスモス保育園と合同で、講師を招いて食育イベント「お楽しみスペシャルランチ」を開催。テーマは「自分で選んで食べる食事」。おにぎり、主菜、副菜、デザートに、各2～3種類のメニューの中から子どもが食べたいものを選ぶ試みです。「お友達と同じ」でなく自分の食べたいものを言う子どもたちの姿がありました。

↑主食、主菜、副菜、汁物を仲間分けした保育者手作りのエプロン。「4つの色から1つずつ食べ物を選ぶと知らないうちに体にいいごはんになるんだよ」
←おにぎりはサケ、ワカメ、のり玉の3種類から1つ、主菜は豆腐団子か唐揚げ、副菜はポテトサラダかブロッコリー、デザートはオレンジかキウイから。

ひとくふう

【**はらぺこあおむしランチ**の作り方(料理アイデア・神みよ子)】

　おにぎりを顔に、おかずを体にみたて、はらぺこあおむしを作ります。汁の出にくいものならどんなおかずでも大丈夫です。

❶トレーにラップを広げ、左から、おにぎり、主菜、副菜、くだものの順に横1列に並べていく。

❷ラップでおかずをくるみ、端を折り込み、おにぎりと主菜、主菜と副菜、副菜とくだもののあいだをモールで結ぶ。

❸おにぎりに、つのに見立てたプリッツをさして、できあがり。

5章

食育あそび いろいろ

執筆・クッキーボックス

子どもたちに「食」への興味・関心を
もってもらおうと思ったとき、
有効なのはやはり「あそび」にしてしまうこと。
ここでは「食」に親しむ楽しいあそびや
ゲームをたくさん紹介します。

SHOKUIKUGAME

食育ゲームで遊ぼう［1］

ゲームあそびを楽しみながら、
食べ物に興味を広げましょう。

食べ物バスケット

おなじみのゲーム
「フルーツバスケット」をアレンジ。

遊び方

❶大好きなメニューを1つずつあげ、それにはどんな食材が入っているかをみんなで出し合う。

例）メニュー：カレーライス
食材：ジャガイモ、ニンジン、タマネギ、
豚肉、カレールー

❷その食材を使ってゲームをする。遊び方はフルーツバスケットと同様。自分の食材を決め、それを言われたら動く。メニューを言うと全員が動く。

メニュー例

- すし（マグロ、エビ、イクラ、イカ、タコ、卵焼きなど）
- サラダ（キュウリ、トマト、レタス、ブロッコリー、ツナ、ハム、マカロニなど）
- シチュー（肉、ジャガイモ、タマネギ、ニンジン、牛乳など）
- おでん（ダイコン、はんぺん、ちくわ、コンニャク、昆布など）
- サンドイッチ（ハム、チーズ、ツナ、キュウリ、ゆで卵、ジャムなど）
- 焼きそば（めん、ぶた肉、もやし、キャベツ、ピーマン、ニンジンなど）

食べ物カードゲーム

**食べ物カードをたくさん作って、
いろいろな遊び方で遊びましょう。**

準備

カードの作り方

- Ａ４のサイズを４分割程度の大きさに切った画用紙をたくさん用意する。
- 野菜やくだもの、肉や魚、乾物、豆腐などの加工品など、いろいろな食材のイラストを描いたり、写真を貼ったり、広告の食材を切り抜いて貼ったりして、いろいろな食べ物のカードを作る。

遊び方❶ 食べ物カードで仲間集めあそび

仲間を集めよう

グループ対抗でも個人戦でもＯＫ。保育者の指示した仲間をたくさん集めるゲーム。「野菜の仲間」「お肉の仲間」「赤い色の食べ物」「カレーライスに入っているもの」など、いろいろな仲間分けの指示を出しましょう。

遊び方❷ 食べ物カードから仲間探しあそび

何の仲間？

「よーいどん」で子どもは自分で考えた「仲間」のカードを２枚探します。保育者が「何の仲間？」と聞いてこたえられたら合格。また別の「仲間」のカードを探しに行きます。たくさんいろいろな仲間を集めて遊びます。

遊び方❸ 仲間集めあそびから発展させたあそびへ

お店屋さんごっこ

八百屋さん、魚屋さん、お肉屋さんなど、それぞれのお店ごとにカードを分けましょう。「仲間を集めよう」の中で同じお店屋さんに売っている仲間を集め、仲間分けしてもいいでしょう。お店屋さんとお客さんに分かれ、買い物のやり取りを楽しみます。

年齢に応じて、「カレーライスの材料を買ってきてください」とか、「きょうの夕ごはんを考えて買ってきてください」など、買い物にテーマを与えてもよいでしょう。

SHOKUIKUGAME

食育ゲームで遊ぼう［2］

すごろくあそびから
食べ物への関心を引き出しましょう。

食べ物すごろく

～敬愛学園グループのアイデア～

育てた野菜の生長や、料理ができるまでを、
すごろくにして遊びましょう。製作は保育者がして、
子どもはすごろくで遊ぶだけでも、
自分たちの育てた野菜の記憶を深めたり、
食材への興味を高めたりすることができます。

用意するもの

- 大きめの用紙でゴールは「いただきます」とマスを作っておいた、すごろくの用紙
- 子どもが絵を描いて、マスに貼っておくマスのサイズに切った用紙
- サイコロ
- コマ（自分のコマを手作りしても楽しい）

遊び方

❶すごろくのテーマにする野菜や作った料理について、生長のようすや手順を、みんなでもう一度思い出して書き出そう。

例1）カレーライスすごろく

・お肉屋さんへ行ってお肉を買った
・スーパーへ行ってカレーのルーを買った
・ジャガイモ掘りをした
・八百屋さんでタマネギとニンジンを買った
・ジャガイモを洗った　など。

例2）トマトすごろく

・プランターに土を入れた
・トマトの苗を植えた
・水をあげた
・草を抜いた
・芽が出た
・黄色い花が咲いた

❷書き出した項目を
絵にしよう。

❸絵をコマに貼っていこう
コマ全体に散らばるように貼り、あいたところは、「食べすぎちゃって1回お休み」とか「虫に食べられて3コマ戻る」など、楽しくくふうしよう。

❹できたすごろくで遊ぼう。

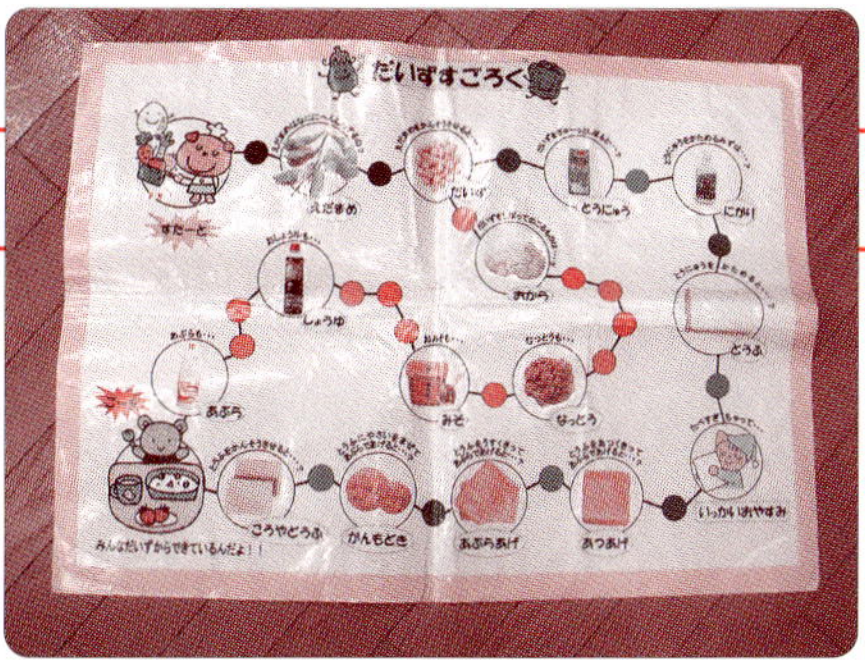

敬愛保育園の「だいずすごろく」

敬愛保育園では、お豆腐屋さんのお話を聞いたあと、「だいずすごろく」を作って遊びました。

だいずすごろく本体。これを使って、みんなで遊びます。

SHOKUZAI
食材で遊ぼう

本物の食材の形や大きさ、感触やにおいなどを楽しみながら遊びましょう。

食材かくれんぼ

いろいろな野菜を、形や大きさから想像してあてっこしましょう。

遊び方❶ 新聞紙で包んだ野菜を形などであてっこしよう

新聞紙でかくれんぼ

ダイコン、カボチャ、ゴボウ、キュウリなど、身近な野菜を新聞紙で包み、大きさや形から、何が隠れているかをあてっこする。

「白くて、ちょっと長い野菜だよ（ダイコン）」「土の中にもぐっていて、細長い野菜（ゴボウ）」「サラダに入っているよ」などと、特徴を伝えるヒントを出そう。

遊び方❷ 隠した野菜をチラッと見せてあてっこあそび

紙の向こうにかくれんぼ

紙や板で野菜を隠し、一部をチラッと見せて、何が隠れているかをあてっこする。

- 年齢が低い子どもには、同じ野菜を2つずつ用意して、1つをすべて並べておき、隠れているものが想像できるようにする。
- あそびに慣れたら隠す役を子どもがしても楽しい。

食材「？《ハテナ》」ボックス

箱の中の食材を、手探りであてっこ。子どもたちでヒントを出しあうのが楽しい。

準備
段ボール箱の側面に、手が入る程度の穴をあけ、ふたの片側を切り取る。

遊び方❶ 食材を触って感じて言葉にするあそび
みんなで考えよう

❶段ボール箱の中に食材を１つ入れ、切り取った側を最初は子どもたちに見えないほうに向けて置く。

❷オニになった子は、穴から手を入れて食材を触り、どんな感触がするのか、どんな形をしているのかを言葉にして、何が入っているのかを考える。

遊び方❷ なかなか当たらないときは、ヒントで導く
ヒントを聞いて当てよう

❶段ボール箱の中に食材を１つ入れ、切り取った側を子どもたちに向けて、中に何が入っているかが見えるように置く。

❷オニになった子は、穴から手を入れて食材を触りながら、食材を当てる。

❸保育者がほかの子どもたちに、「何色ですか？」「どんなおかずに入っていますか？」などと質問を出し、その答えもヒントにする。

SHOKUIKUSEISAKU

食育製作で遊ぼう

想像力を広げながら、
いろいろなお料理を作ってみましょう。

ツルツルめん製作

ハンドルタイプのシュレッダーから出てきた
細い紙を、うどんやスパゲティ、
そばや焼きそばなどに見立てて遊びましょう。

用意するもの

- 用紙（白：うどん、オレンジ：ナポリタン、灰色：そば、茶色：焼きそばなど）
- 色紙や折り紙（具材用）
- はさみ
- ペン類
- 紙皿や器

遊び方

❶シュレッダーで「めん」を作る。

- ハンドルタイプなら、子どもがハンドルを回して、自分で「めん」を作ろう。パスタメーカーのようで楽しい。電動式の場合は、保育者が事前に、さまざまな色の「めん」を作っておく。
- ケガに注意しましょう！

❷具材を作る。
いろいろな色の用紙や折り紙を細かく切って、めんにのせたり、混ぜたりする具材を作ろう。

例）
・黒い紙を細く切って「のり」。そばにトッピング。
・緑色の紙を小さく切って「ネギ」。
・オレンジ色の紙を小さい長方形に切って「ニンジン」に。ラーメンにのせたり、焼きそばの具にしたり。
・白い紙を楕円に切って、クレヨンで線を描いて「なると」。

❸料理しよう
ナポリタンや焼きそばは、鉄板やフライパン（厚紙で作ったりしてもよい）などで、めんと具材を混ぜてジュージュー炒めよう。

❹盛り付けよう
器にラーメンを盛って具材をトッピングしたり、皿に炒めた焼きそばやスパゲティを盛り付けたりしよう。

❺みんなで食べよう
何を作ったか発表しあってから、みんなで「いただきまーす」と食べるまね。「ごちそうさま」で片づけよう。

おはしを使っておべんとう作り

スポンジをカットしたり、厚紙で作ったりしたおかずやおにぎりを、
おはしを使っておべんとう箱につめて遊びます。はし使いの練習にもなります。

用意するもの

- おべんとうのおかずやおにぎり（スポンジをカットしたり、厚紙で作ったり、玩具の食材など。スポンジはそのままはしでつまめるが、それ以外のものは、はしでつまみやすいよう輪にしたタグを付けておくとよい）
- おべんとう箱（使い捨てタイプのものや、家庭でいらなくなったおべんとう箱を持ってきてもらう）
- はし（子どものはし使いの練習にもなるので、子どもサイズのものを用意する）
- おべんとうを包んだり、包んで結ぶ練習に使うための大きめのハンカチやバンダナなど

遊び方

❶はしでおかずをつまみ、おべんとう箱につめる。

❷ふたをして、包む。

❸包みを開き、「いただきます」で食べるまねをしよう。

- 屋外で、葉っぱや木の実、小枝を集めて、自然物のおべんとう作りをしても楽しいです。木の実や小枝は「おべんとう用」として、保管しておけば、くり返し遊べますね。

シャカシャカバター

ビンに入れた生クリームを振ったり転がしたりするだけでバターができあがります。

COOKINGASOBI クッキングあそび を 楽しもう

手品のようなクッキングあそびです。素材の変化を子どもたちと楽しんでください。

材料
- 生クリーム（脂肪分の多いもの）…200cc
- 塩…少々

用意するもの
- ジャムやコーヒーなどのふた付きのあきビン

作り方

❶ ビンに生クリームを入れ、しっかりふたを閉める。

❷ 振ったり転がしたりをくり返す。（10分程度でクリーム状に、さらに10分でバターに）

❸ 中身が動かなくなったらできあがり。

❹ 塩を加えて混ぜ、味を調える。
※途中でふたをあけないようにします。

- 音楽に合わせて踊るように振ったり転がしたりしてみよう。
- 数をかぞえて、順番に振ってみよう。
- できあがったら、パンにつけて、味わってみよう。
- 泡立て器やハンドミキサーで混ぜてもOK。ビンで作るのとどっちが早くできるかな？ 競争してみよう。

変身ヨーグルト

**牛乳に1さじのヨーグルトを加えて魔法のびん（ポット）に入れると…。
牛乳がヨーグルトに「へんしーん」。**

材料
- 牛乳… 3カップ
- プレーンヨーグルト…大さじ3

用意するもの
- 熱湯で消毒をしておいたポット

作り方

❶牛乳を40℃ぐらいまで温め、少しおいて人肌ぐらいまで冷ます。※牛乳を温めるときは、なべでも電子レンジでもOK。

❷❶をポットの中に入れ、プレーンヨーグルトを少しずつ加える。

❸ポットにふたをして2〜3時間おくと、ヨーグルトのできあがり。

牛乳からできるものの仲間を集めよう

牛乳や生クリームを使ったクッキングあそびと関連させて、牛乳の仲間や牛乳からできる食べ物、牛乳を使ったお料理などをみんなで出し合ってみましょう。

いろいろな種類の絵札を用意しておき、牛乳の仲間をあてっこしても楽しい。カードに、豆腐やごはん、はんぺん、パン、ダイコン、砂糖、まんじゅうなど、白くて迷うような食べ物のカードも織り交ぜよう。

- コーヒー牛乳
- 生クリーム
- バター
- チーズ
- ヨーグルト
- ソフトクリーム
- アイスクリーム
- シチュー
- グラタン

SHOKUIKU P.P. THEATER

食育ペープサートで遊ぼう［1］

ペープサートを楽しく活用して、
子どもの食への興味を広げましょう。

モグモグかくれんぼ

～狛江子どもの家のアイデア～

1日1つ「きょうの食材」を決め、子どもたちの食材への興味を高めるあそびです。
保育者と栄養士が協力して進めましょう。

用意するもの

- 進行役の「たろうくん」（ペープサート）
- その日の食材
- 食材の写真（事前に写してプリントしておく）
- 食卓の絵（ランチョンマットに茶わん、おわん、大皿が並んだ俯瞰図）

進行の手順

事前準備

- 進行役のペープサート「たろうくん」を作る（キャラクターや名前は自由にくふうしましょう）。
- 模造紙に大きな枠（ランチョンマット）を描き、手前左に茶わん、右におわん、奥に大皿が並んでいるような俯瞰図を描く。
- 献立表をもとに、1日1つ、取りあげる食材を決めておく。2週間分くらいずつ決めておくとよい。
- 取りあげる食材の写真を用意する。実物を撮影したり、スーパーのちらしを切り抜いたりしてもよい。

朝　朝の会のなかで

保育者：「さあ、きょうのモグモグかくれんぼを始めるよ。
　　　　みんなでたろうくんを呼んでみよう」

みんなで：「たろうくーん」

☆保育者は、たろうくん（ペープサートまたはパペット）を取り出す

たろうくん：「はーい。おはよう。きょうは何かな？取りに行ってくるね」

☆保育者はたろうくんを手に、食材を取りに行く。食材はお皿にのせ、フキンをかぶせて教室へ運ぶ。

たろうくん：「きょうはねー、すごく小さいよー」（などと、ヒントや子どもの興味を引くコメントを言う）

保育者：「じゃあ、みんなで、歌おう」

♪ハテナ　ハテナ　なんだ？　なんだ？　モグモグかくれんぼ～

（適当にメロディをつけ、リズミカルな調子で）

☆♪……かくれんぼ～で、パッとふきんをはずす。

（フキンをとる前に、必ず歌うことで、子どもの気持ちがお皿に向きます）

保育者：「なーんだ？」

子どもたち：答える。（保育者が聞く前に、知っている子が名前を言うことも）

☆食材を触ったり、においをかいだりしよう。ゴマやシラス干しなどのように、そのまま食べられるもののときは、少し味見をしてもよい。

保育者：「きょうのモグモグかくれんぼは○○でーす」
　　　　（はっきりと食材を確認）
　　　　「じゃあ、たろうくん、お昼までよろしくね」

☆保育者はたろうくんに事前に用意した写真を持たせるような感じで、壁の食卓の絵の隣に貼っておく（立たせておく）。

☆食材を、給食室に返しに行く。当番の子が、給食室に返しに行き、「よろしくお願いします」と渡すようにしてもよい。

昼　給食の準備が調ったら

保育者：「たろうくんといっしょに、
　　　　モグモグかくれんぼを探してみよう」

☆保育者はたろうくんを持ってくる。

保育者：「また歌うよー」

♪ハテナ　ハテナ　なんだ？　なんだ？
　モグモグかくれんぼ～　どーこだ？

子どもたち：答える。（「おつゆに入ってる」とか、
　　　　　　指さして「ここにあるー」とか）

保育者：「きょうの材料は、○○に入っていましたー」

☆子どもの答えを確認し、写真を食卓の絵に貼る。ごはんに入っていたら茶わんの上、おかずに入っていたらお皿の上に貼る。過去のものもある程度そのままにしておく。子どもには食材の写真が増えていくのがうれしい。

保育者：「たろうくん、ありがとう。
　　　　じゃあ、いただきますをしようね」

☆たろうくんをもとに戻し、食事を始める。

SHOKUIKU P.P. THEATER

食育ペープサートで遊ぼう［2］

ペープサートとよく知っている歌を使って
野菜の旬を知るあそびをしましょう。

「一番おいしいのはどの季節？」

野菜には一番おいしい季節＝旬があることを伝えるお話です。ペープサートを導入にして、いろいろな野菜の旬を子どもたちに知ってもらいましょう。

登場人物

八百屋のおじさん
（保育者が変装）

トマトちゃん

キュウリくん

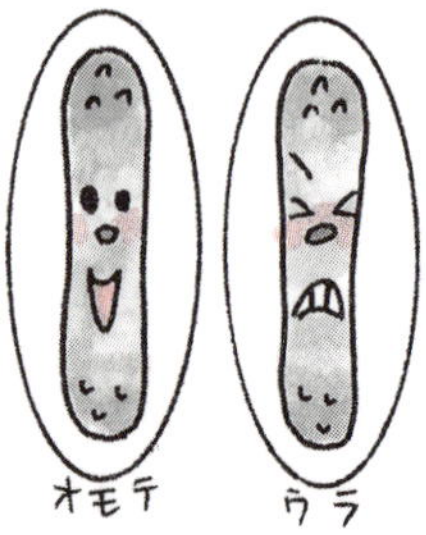

ジャガイモくん

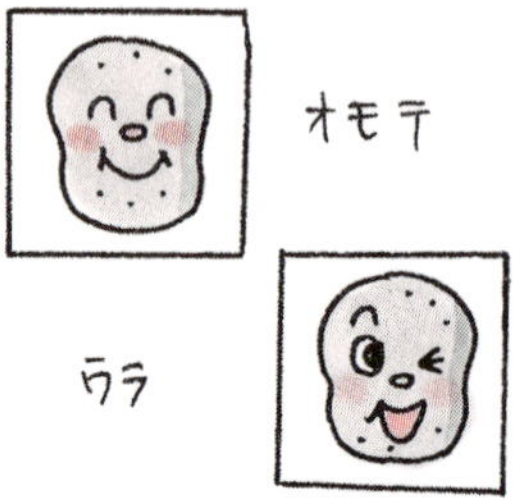

サツマイモくん

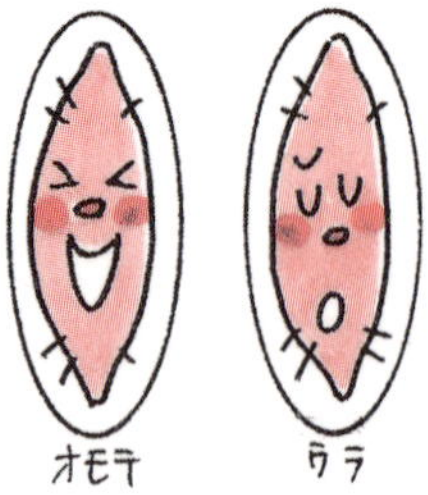

ダイコンくん

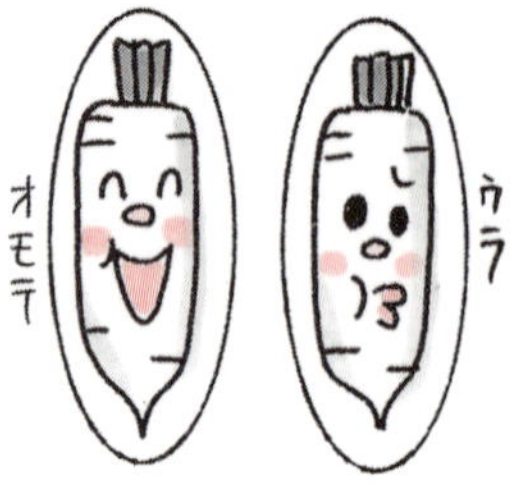

❶（「八百屋のお店」の歌を歌いながら、野菜たちと八百屋のおじさんが登場）

♪や〜おやのお店にならんだしなもの
見てごらん。よく見てごらん。
考えてごらん。

（トマトちゃんの表を見せて）♪トマト
（キュウリくんの表を見せて）♪キュウリ
（ジャガイモくんの表を見せて）♪ジャガイモ
（サツマイモくんの表を見せて）♪サツマイモ
（ダイコンくんの表を見せて）♪ダイコン

❷（八百屋のおじさん）「さあ、いらっしゃいいらっしゃい。今はキャベツが一番おいしいよー」
（トマトちゃんの裏）「ちょっとおじさん、今はキャベツちゃんがおいしいってどういうことよ」

（キュウリくんの裏）「そうだそうだ。キャベツちゃんだけほめてずるいよ」

（八百屋のおじさん）「いやいや、ごめんごめん。みんなにも一番おいしい季節があるんだよ」

（ジャガイモくんの表）「ぼく、知ってる。ぼくは夏が一番おいしいんだ」

（サツマイモくんの裏）「ぼくはー？　ぼくはいつがおいしいの？」

（八百屋のおじさん）「サツマイモくんは秋だよ。それからトマトちゃんとキュウリくんは夏、
ダイコンくんは冬が一番おいしいんだよ」

（ジャガイモくんの表）「そういうのを旬って言うんだよね」
（八百屋のおじさん）「そう。旬は、その野菜が育つのに
一番いい時期に育って
食べられるようになる季節のことなんだよ」
（ダイコンくんの裏）「でもぼくたちみんな、
春も夏も秋も冬もずっとお店にいるよ」
（八百屋のおじさん）「それはね農家の人が、
一年中おいしく食べてもらえるように
くふうしているからなんだよ」
（トマトちゃんの表）「くふうってどんな？」
（八百屋のおじさん）「ビニールのお部屋を作って、
暖かくして育てるんだよ」
（キュウリくんの表）「だからぼくはビニールの中で育ったのかぁ」
（ジャガイモくんの表）「それってビニールハウスって言うんだよ」
（八百屋のおじさん）「ジャガイモくんはよく知っているねー」
（ジャガイモくんの裏を見せる）
（八百屋のおじさん・子どもたちに向かって）
「みんなはどんな野菜を知っているかな？　おじさんに教えてくれるかな？」
（子どもたちの答えを聞く）
「ほおー、みんなたくさん知っているね。その野菜にも旬はあるんだよ」
（子どもの出した野菜の旬を答えかけて）
（八百屋のおじさん）「おっと、そろそろ店を閉める時間だ。
旬の話は○○先生にお任せしたよ。じゃあ、みんなまたな～」
「八百屋のお店」の歌を歌いながら退場

ペープサートを導入にして、野菜の旬について話を続けましょう。野菜の旬の表などを作っておくとよいでしょう。

※農林水産省は「旬の野菜定義」を「消費者が住んでいるそれぞれの地域の自然の中で、適期に適地で無理なく、食べごろに生産されたものであり、新鮮で、栄養分があって安全でおいしいもの」としています。

ペープサートの型紙

登場人物（野菜）の型紙です。拡大コピーしてお使いください。

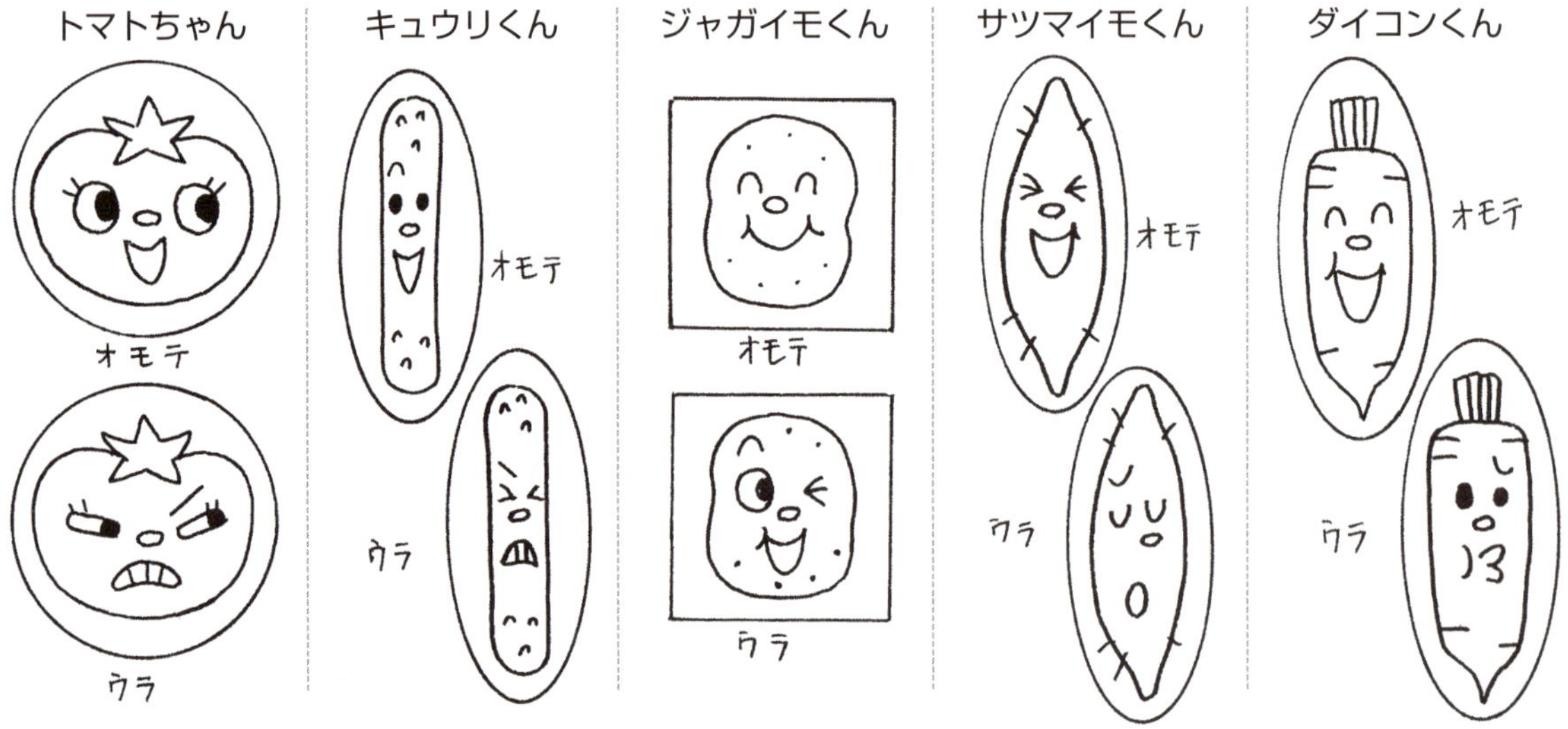

トマトちゃん
キュウリくん
ジャガイモくん
サツマイモくん
ダイコンくん

ペープサートの作り方

❶型紙を拡大コピーして色を塗る。

❷型に合わせて切り、段ボールをはさんで表・裏を貼る。

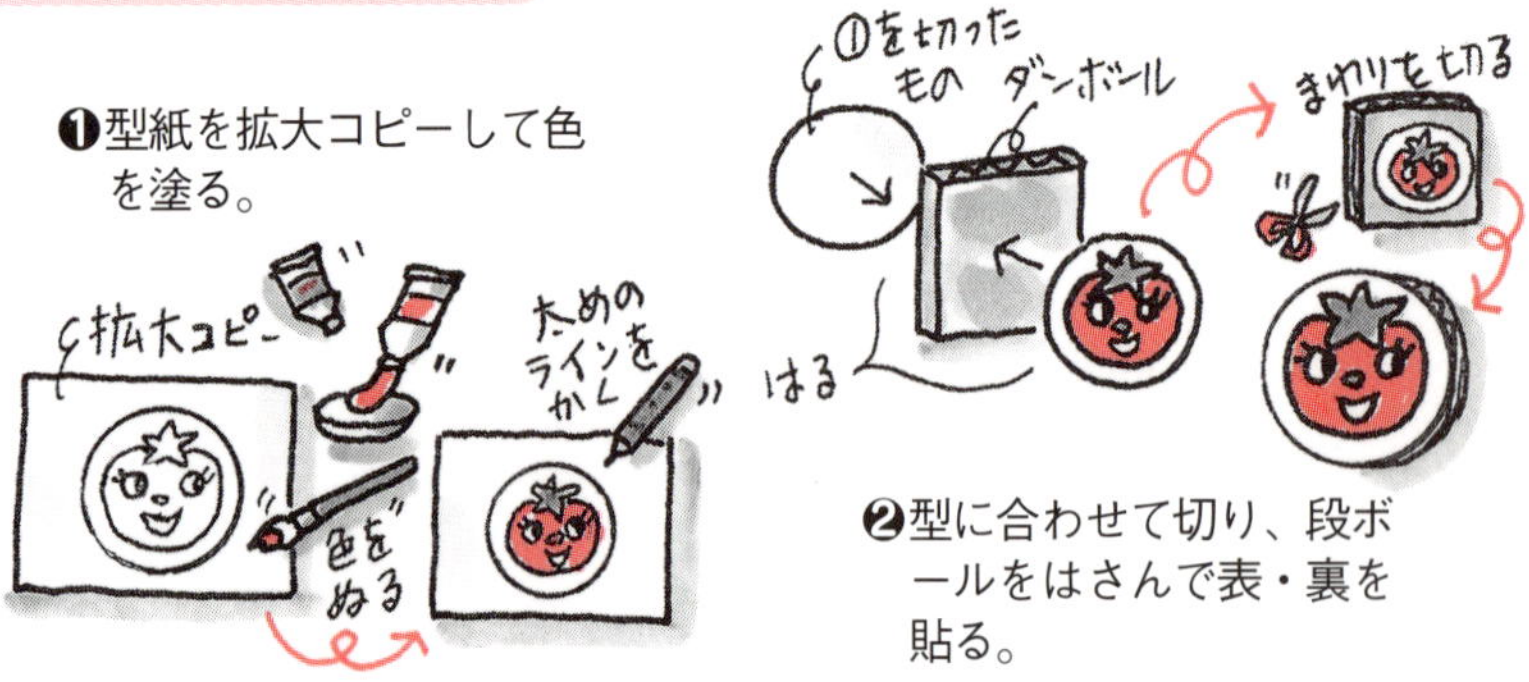

❸割りばしの先を少しとがらせて、段ボールに差し込む。

「八百屋のお店」 作詞者不明　フランス曲

6章

子どもと作るクッキング保育

執筆・尼崎市おさなご保育園調理師　小西律子

子どもと保育者が、なによりも
無理なく楽しんでできる
レシピの数々を紹介します。
2歳から5歳まで、年齢別に
おさえておきたいポイントも付いています。

「きれいに丸めよう！」
みんなでコロッケを丸める
5歳児さん。

クッキングは楽しいね!!

クッキング保育を通して、作って食べることの楽しさ、うれしさを子どもたちといっしょに体験しましょう。

自分で「作って食べる」経験を

「作って食べる」ことができるのは、人間だけだといわれます。ほかの動物は親から与えられるか、自ら獲って食べることを考えると、「作って食べる」ことは、人間が人間らしく成長していくうえで大切なことだといえます。赤ちゃんのときから過ごす保育所にも「作って食べる」暮らしがあることはいうまでもありません。給食室がその役割を担うのとは別に、ここでは子どもたち自身が実際に料理を作る「クッキング保育」を紹介したいと思います。

保育計画とクッキング保育

まず、日々の保育のなかで、保育者が子どもの発達に添った保育計画を立て、子ど

「先生、これはナス？」おさなご保育園の１～２歳児は担任の先生といっしょに食材を触りに来ます。

「サツマイモ、柔らかいからおいしいー」と9か月の男の子。

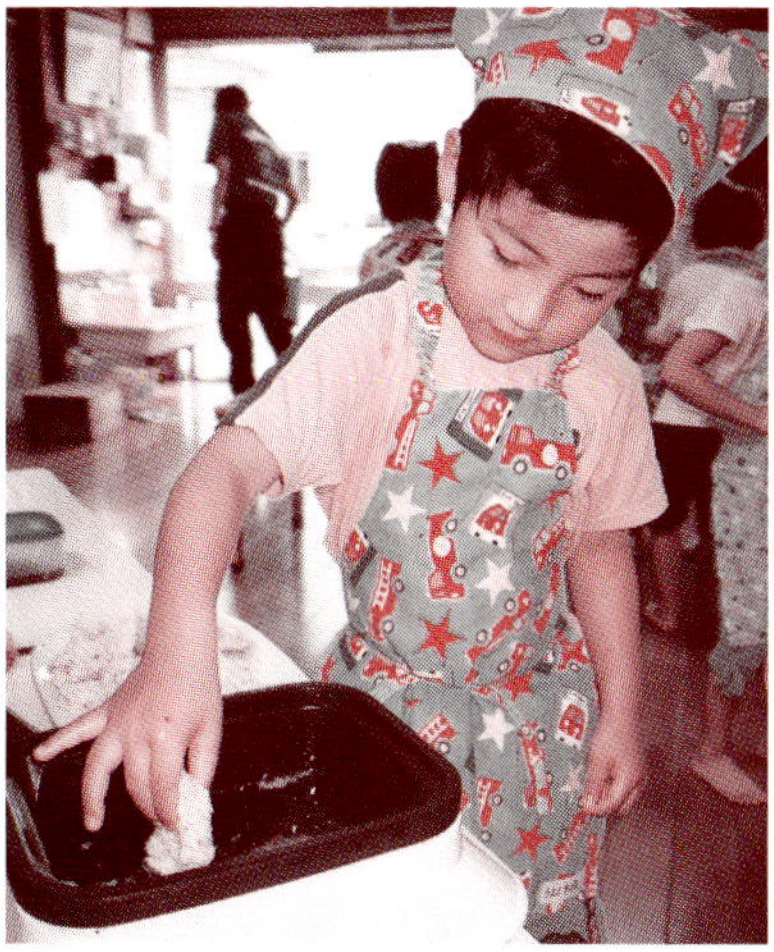

みんなで丸めたコロッケのたねを油を入れた天ぷらなべで揚げます。

みんなの視線がトマトソースと手元に集中。3歳児のパエリア作りより。

もたちのより豊かな成長をはぐくむということは、大変重要です。「クッキング保育」は日々の保育の一環として、「作って食べる」暮らしを保育者から一方的に教え込むものではなく、子どもを中心に、時には保護者も参加する形で実践します。

「クッキング保育」のポイント

「クッキング保育」は、作り方を教える料理教室ではありません。子どもたち自身が食べ物作りを体験すればいいのです。成長過程の子どもが、今の自分の持っている能力で食べ物を作る体験をすることは、将来「作って食べる」暮らしをしていく土台になります。そして何よりも「作って食べる」ことがどんなに楽しいかを子どもたち自身が実感することです。これから「どんなにおいしいものを作ろうか」「食べたらきっとおいしいよね」とワクワクドキドキしながら過ごす時間が大切なのです。

「クッキング保育」の計画をたてるポイントは

①子どもの力で作れるもの
②いちばん楽しませたい作り方の過程を発達の課題に合わせること
③子どもにできあがるまでの見通しをもたせることなどです。

菜園のキュウリ。初なりの1本をみんなで分けました。

みんなで楽しく食べているようす。

2歳児

クッキングのポイント

1 包丁やまな板などの調理道具は子どもには極力使わせず、できるだけ両手だけで作れるものにしましょう。

2 作ったらすぐに食べられるメニューにしましょう（オーブンや冷蔵庫に入れると目の前からなくなり、見通しが立てにくい）。

3 同じメニューを何回も作るようにしましょう。見通しが立てやすく安心して楽しめます。

4 エプロン、三角巾は、それぞれの子どもに合った大きさのものを用意しましょう。

＊自分で結べない三角巾は、ゴムテープで留めて、ひとりでかぶれるようにする。身じたくが自分でできると「やりたい」「したい」という気持ちがどんどん高まります。市販品だと合うものが少ないので、２歳児用のオリジナルエプロン、三角巾をデザインし、手作りします。

5 調理時間は30分くらいでできあがるものにしましょう。

6 レシピは必ず作って、前日に子どもたちと共有します。例えば、紙芝居レシピにすると「次は、その次は」と順番と時間の経過が理解しやすいでしょう。

7 材料、調理の過程ともに5つくらいにしましょう。

➡エプロンを着けただけで「お母さんといっしょね」「先生といっしょだ」とぴょんぴょんはねて大喜びします。早く大きくなりたい２歳児にとってお母さんみたいな姿になることでクッキングは半分大成功です。

ビリポキサラダ

2歳児 クッキング

手を使ってできる簡単「手」作りサラダ

材　料

大皿１枚分

- レタス ……… 1/2玉
- キュウリ ………… 2本
- ニンジン …… 1/2本
- ダイコン …… 1/10本
- プチトマト …… 10個
- その他季節の野菜
- 塩など

作り方

❶ レタスをビリビリちぎる。

❷ 子どもたちの前で保育者、保護者が包丁でキュウリを、縦長に４等分に切る。それを見せてから、子どもたちにキュウリを１本ずつ渡してポキポキ折らせる。保育者、保護者が包丁でニンジン、ダイコンをある程度の大きさまで切る。その後、子どもたちに一口大にするためにニンジン、ダイコンを折らせる。

❸ プチトマトをよく洗い、サラダに添える。

❹ 皿にきれいに盛り付けをしてできあがり！　ニンジン、ダイコン、レタスは簡単に塩をパッパとかけるくらいの味付けで十分！

●季節によって使える野菜が変わります。ちぎれそうなもの、ポキポキ折れそうなものを子どもたちといっしょに探して、メニューを増やしましょう。

キャベツのジュウジュウ焼き

2歳児クッキング

サラダよりもステップアップ、ホットプレートで作るクッキング。

材料

4人分

- キャベツ…………4枚
- 絹サヤ……………8個
- ニンジン　……1/5本
- 塩　……………………少々
- サラダ油……大さじ2

＊おいしく作るためのポイント

●春キャベツが旬のころはグリーンアスパラをポキポキ折って入れ、夏はパプリカをちぎり入れ、秋と冬には、キノコ類を手でほぐして入れるとおいしくなります。

●塩はうま味のあるおいしい塩を選びましょう。

作り方

❶ キャベツは洗って水気を取り、手でちぎって、芯は取り除く。

❷ 絹サヤの筋を取る。

❸ ホットプレートを加熱して、キャベツ、キヌサヤを入れてから、サラダ油を加える。

＊油はねをふせぐため、サラダ油はあとで加えます。

❹ 木べらでよく混ぜ、火を通す。

❺ 大半に火が通ったところで、ニンジンをピーラーでむき、ひらひらとキャベツの上にのせる。

＊3歳児になったらピーラーへのあこがれをもったり、使い方のお手本になるよう保育者が実際に使うのを見せます。

❻ 具材に塩を振って味を調え、できあがり。

ころころ団子のグツグツなべ

2歳児クッキング

火を扱って、3歳児への下準備。「ポコッ、ポコッ」団子も浮き上がり、子どもは大合唱。

材 料

4人分

- ・ニンジン ……1/5本
- ・ダイコン……1/10本
- ・シイタケ…………2個
- ・ハクサイ…………2枚
- ・うす揚げ ……1/2枚
- ・白玉粉 ………100g
- ・みそ ……………30g
- ・みりん …………適量
- ・だし用の昆布 …3cm×3cm
- ・煮干し……………5匹

＊おいしく作るためのポイント

●野菜は、両手で握りしめて折ると真ん中から折れるので、やりやすいのですが、半分になったものを一口大にするのはかえって難しくなり、1回折ったら、終わってしまいます。そこで左手はしっかり握り、右端から人さし指と中指の2本でつまんで折っていくようにすると折りやすいでしょう。まずは保育者が手本を見せましょう。

●団子は煮すぎると形も食感も悪くなるので、みそが沸き立つころにタイミングを合わせて、団子が浮き上がるように入れ、浮き上がったら、5まで数えて火を止めましょう。

作り方

❶ なべに水、昆布と煮干しを入れ、しばらくそのままにしておく。

❷ ニンジン、ダイコンは少し太めの鉛筆のように包丁で切った後、ポキポキ手で折る。

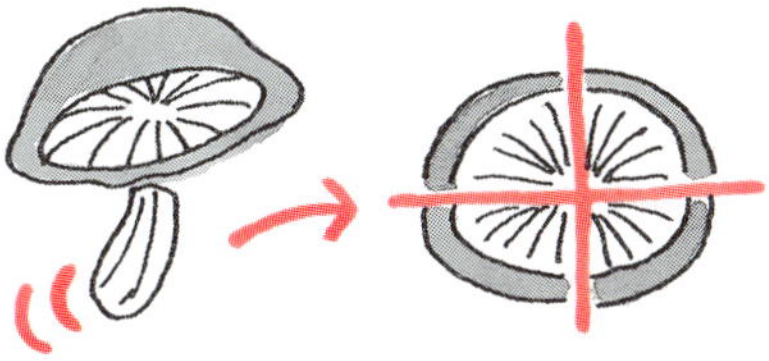

❸ シイタケはいしづきを取り、ひだのある方から4つに割る。ハクサイは芯と葉に分けてちぎる。うす揚げは2cmの幅で、縦長に切り、1口大に手でちぎる。

❹ なべを加熱し、昆布と煮干しのだしがでたら、昆布と煮干しを引き上げる。

❺ 白菜の葉の部分以外の材料をなべに入れ、柔らかくなるまで煮る。

❻ 野菜を煮ているあいだに白玉粉をこねて、団子にする。

＊白玉粉は同量の水でこねますが、水は少し控えめにしたほうがよいでしょう。そうすると、好みの団子のかたさになります。また団子にする際に生地を団子1個分に分けてから、子どもに渡しましょう。

❼ 野菜が柔らかくなったら、みそとみりんを加え、すぐに団子を入れる。

❽ 団子が浮き上がってきたら、ハクサイを入れて火を止める。

●2歳児は火を使いませんが、これは特別です。3月の末に2歳児クラスとお別れということで、1年間楽しんだクッキングでしてきたことをおなべの中でグツグツしてみようということです。

3歳児

クッキングのポイント

1 包丁や調理道具・器具、火を使います。

2 前半はどの子も同じことが体験できるようにします。例えば、ニンジンをピーラーで皮むきするのもひとり１本のニンジンを用意します。卵もみんなが割ります。しかし献立によって卵を使う量が少しのときは給食室が引き取って使います。３歳の前半に体験を重ねておくと、後半は必要な分量を分担して調理できるようになります。

3 調理の過程が簡単で主食か主菜になるものを１品作りましょう。

4 調理の過程で食べ物が変化していくのをゆっくり楽しむ。

5 食べ物が変化するのを自分の言葉で表現し、友達とも共感するようにしましょう。

6 食材や道具、器具の名前を正しく教え、子どもたちに知ってもらいましょう。

7 料理の名前を正しく教え、難しくても献立名として子どもたちに正しく伝えましょう。

8 一人ひとりにきれいに盛り付け、必ずおかわりができるように多めに作りましょう。

9 90分くらいでできあがるように計画しましょう。

10 レシピは1枚の紙に矢印で手順をすすめていくものにしましょう。

パエリア

3歳児クッキング

ホットプレートを使ってできるスペイン料理

材　料

ホットプレート1枚分

- 白米…………3カップ
- タマネギ　……大1玉
- パプリカ …3色各1個
- ニンニク………1かけ
- サフラン　………適量
- トマトジュース…1缶
- イカ……………1ぱい
- エビ ……………10尾
- アサリ …………20個
- 塩・こしょう …適量
- 水……………2カップ
- オリーブオイル ……………大さじ3

おいしく作るためのポイント

エビは殻ごと入れたほうがうま味が出ます。エビは2枚おろしがいいのですが、3歳児は無理なので、エビを丸ごと入れて殻をむきながら食べさせましょう。

サフランは彩りよく仕上げるのに必要です。サフランを水に漬けるときれいな黄色が出てその色のごはんに仕上がるのも不思議です。

ホットプレートのふたが透明なもので作りましょう。そうすると、中のようすがはっきり見えて変化を楽しめます。

作り方

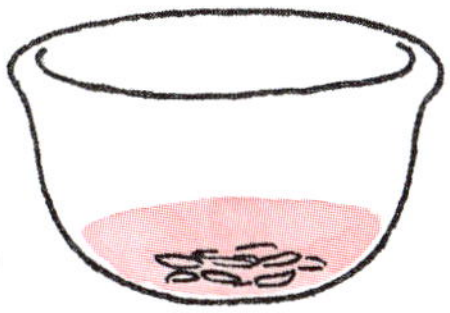

1. 米を洗って、ザルにあげる。
2. 水にサフランを漬けて、色、香りを出しておく。
3. タマネギ、パプリカは粗みじんに切る。イカはワタを抜いて輪切りにし、足は先端の1cmほどを切り捨てて3cmに切る。

＊パプリカは飾り用に輪切りにして少しとっておく。

4. ホットプレートにオリーブオイルを入れ、みじん切りにしたニンニクを入れて、加熱せずにしばらく置く。
5. ホットプレートを強火で加熱し、ニンニクの香りがたつまで炒め、タマネギ、粗みじんに切ったパプリカを加える。次に米を加えて全体に油がなじむように炒める。

6. トマトジュース、サフラン漬けの水を加え、塩、コショウをふる。

7. エビは殻のまま背ワタを抜いてのせる。

＊背わたは背を丸めて爪ようじで引き抜く。

8. イカ、アサリ、輪切りにしたパプリカをのせて、ふたをして10分、ホットプレートのふちの泡立ちが小さくなってきたら火を弱めてさらに10分加熱し、火を止めて蒸らします。

カレーライス

3歳児
クッキング

ピーラーを使って下準備は簡単。みんなの大好きなカレーライスを作ろう。

材　料

4人分

- タマネギ…………1玉
- ニンジン ……1/4本
- ジャガイモ………2個
- 肉 ……………200g
- ナス（あるいは季節の野菜を1品）……1本
- カレールー用の小麦粉……………………適量
- カレーパウダー　適量
- バター …………適量
- ガラムマサラ …適量
- ケチャップ、ソース、かつおだし ……適量
- サラダ油 ………適量

作り方

1. 野菜は皮をむき一口大に切る。
2. フライパンにバターを入れ加熱して溶けたら、小麦粉、カレーパウダーを加えて、よく炒めてカレールーを作る。

3. なべにサラダ油を入れ、タマネギをよく炒める。
4. 肉、そのほかの野菜も炒め、かつおだしを加えて、コトコト柔らかくなるまで煮る。
5. 調味料とルーを加えて、さらに煮る。

おいしく作るためのポイント

- はじめにルーを作って、カレーの香りをいっぱい漂わせて作りましょう。
- すりおろしたリンゴ、または、フルーツチャッネも加えると風味がよくなります。
- 味がしまらないときは、しょう油、かつおだしを加えると、おいしくなります。
- 季節の野菜はなんでもかまいません。

●材料の買い物にも行ってきて、自分たちがお昼寝する時には「お野菜さんもちゃんと寝ていてねー」と言い聞かせていました。

きなこ団子

3歳児クッキング

同じ大きさに作れるかな？　みんなで食べられる団子作り。

材料

4人分

- 白玉粉 ……100g
- 水 ……100g
- きな粉 ……30g
- 砂糖 ……25g
- 塩 ……少々

作り方

1. 白玉粉と同量の水を加えてよくこねる。
2. 団子にまぶすきな粉に、きな粉の7～8割砂糖と塩少々を加えて、味を調整する。

3. ひとりが丸める量の団子の生地をひとかたまりにして、子どもに分ける。

4. 子どもたちの目の前で、団子1個の大きさのサンプルを作って見せ、同じような大きさにするように指示する。

5. 沸とうした湯の中に丸めた団子を入れ、浮き上がってきたら、10数えてすくい上げ、きな粉をまぶす。

おいしく作るためのポイント

- 粉を混ぜるとき、水は全量使わず少し残してようすを見ながら加えていきましょう。
- 大きさをそろえるとゆで時間やきな粉の量が一定しておいしくなるので、ていねいに指導しましょう。大きさを揃える方法は、丸めた団子を入れる皿を各自が持ち、並べながら大きさを計ります。
- 沸とうしたなべに団子を入れるとき、保育者ができるだけお湯の面ぎりぎりまで持っていってあげ、静かに落とす手本を見せましょう。熱湯がこわくて遠くから放り入れると、熱湯がはねてかえって危ないことを伝えましょう。
- できたてがおいしいので、すぐに食べましょう。

4歳児

クッキングのポイント

1 主菜、汁物の2品を作りましょう。

2 計量スプーンやはかり、カップを使ってはかる。

3 オーブンで焼く、油で揚げるなどの過程は給食室が援助して、作りたい献立の幅を広げましょう。

4 手打ちうどんやみそ作りのように時間をかけ、季節を越えてできるものも楽しめます。

5 保育者、調理スタッフなどの大人に確かめながらレシピに添って進めます。

6 身じたくは友達と助け合ってするようにしましょう。

7 片づけもふくめて120分で終わるように計画しましょう。

プラムジュース

4歳児
クッキング

特別な日のためのとっておきのジュース

材 料

2ℓ分
・赤いプラム…1パック
・白砂糖
……200g～300g
※好みの甘さに

作り方

❶ プラムをよく洗い、皮ごとなべに入れ、たっぷりかぶるくらいの水を入れる。

❷ なべを沸とうさせ、火を弱めて10分煮てざるでこす。煮汁は捨てずにボールにためておく。

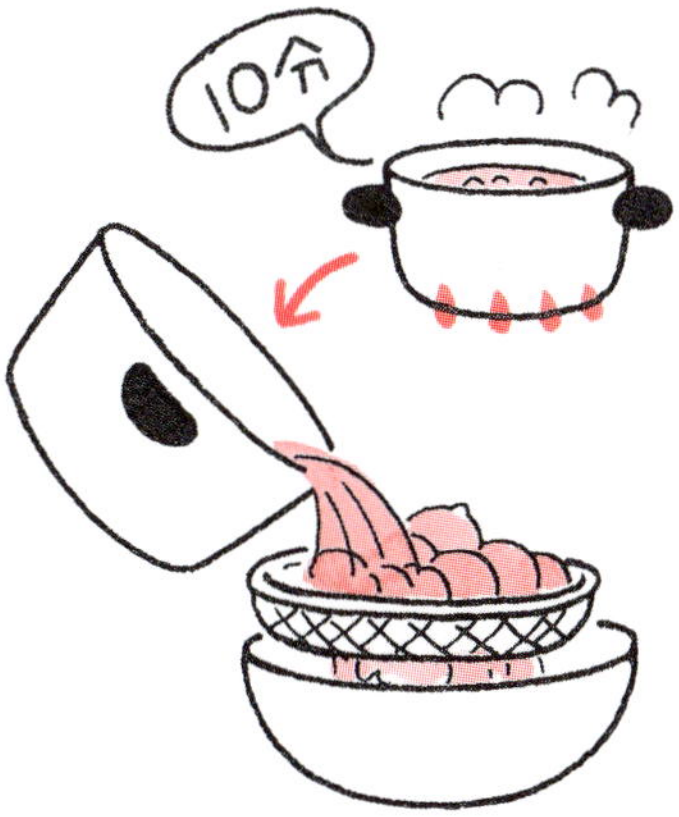

❸ ざるに残ったプラムをなべに戻し、もう1度プラムがかぶるくらいの水を入れて❶と❷をくり返す。

＊プラム1パックでジュースが2ℓくらいまでとると、色・風味がいいです。

❹ ボールにとった煮汁に砂糖を加えて混ぜ、溶かし、さます。

おいしく作るためのポイント

- 果肉が溶け出すと果汁がにごるので、煮ているあいだは、まぜたり、触ったりしない。
- 果汁の色を美しく仕上げるためには、白砂糖を使う。
- 冷蔵庫でよく冷やして飲む。
- 残った実をなべに入れ、実の量の70%くらいの砂糖を入れて、コトコト煮るとジャムができあがります。種ごと煮た時は、種のまわりのおいしい果肉も味わえます。

●ペットボトルに入れて
冷凍しておくと、
野外活動にも持って行けます。

ジュースは子どもの大好物。
自分たちで作ったジュースはうれしさも倍増。
そのために特別な日のためにとっておきましょう。

4歳児
クッキング

よもぎパン

ヨモギのにおいや味に春を感じながらのクッキング

材　料

プチパン16個分

- ゆでてかたく絞った
  ヨモギ ……50〜100g
- 強力粉 ………500g
- 砂糖 ……………60g
  ※砂糖は12gから好みで量を変えてもいいです。しかし、砂糖を多めにしたほうが、ヨモギの味は引き立ちます。
- 塩 …………………8g
- バター …………40g
- 卵 ………………1個
  ※バターと卵は入れなくてもよい。
- 白神こだま酵母
  ………………10g
- 酵母を溶かすための
  35℃のぬるま湯
  ………………30CC
- 水またはぬるま湯
  ………………220g

作り方

❶ ヨモギはゆでて、水にさらし、かたく絞って細かく刻む。酵母の入った別のボールにぬるま湯を入れ、酵母を溶かす。

❷ 強力粉に砂糖、塩を加え、空気を抱かせるように手で混ぜ合わせ、バター、卵、水、溶かした酵母を入れてよくこねる。

❸ 全体をまとめたら、子どもの人数分に分けてさらによくこね、また一つにして2.5倍くらいの大きさになるまで寝かせる。

❹ パンの形に整えて、天板に置き、発酵のため、40分くらい置く。

❺ 200℃のオーブンで10分焼いて、できあがり。

肉じゃが

4歳児クッキング

和食のチャンピオン。みんなで「作って食べ」たいね。

材 料

4人分

- 牛肉 ……200g
- ジャガイモ……4個
- ニンジン ……1/4本
- タマネギ……1個
- 糸コンニャク 100g
- 絹サヤ……8個
- 調味料（しょう油、砂糖、みりん）……適量

おいしく作るためのポイント

- ジャガイモはできるだけ大きく切った方がおいしいです。
- ジャガイモがゴロンゴロンという感じになるようにしましょう。
- できるだけ水を加えないようにして仕上げましょう。
- 野菜と肉に水分で柔らかく煮えるようにしっかりとフタをしましょう。

作り方

1. 野菜の皮をむいて、切っておく。

2. 糸コンニャクは食べやすい大きさに切って、ゆでる。

3. なべにしょう油、砂糖、みりんを煮立たせて、肉を煮る。

お肉入れるよ〜
しょう油砂糖みりんを煮立てる

4. 肉を取り出しておき、他の具材を入れて柔らかくなるまで煮る。

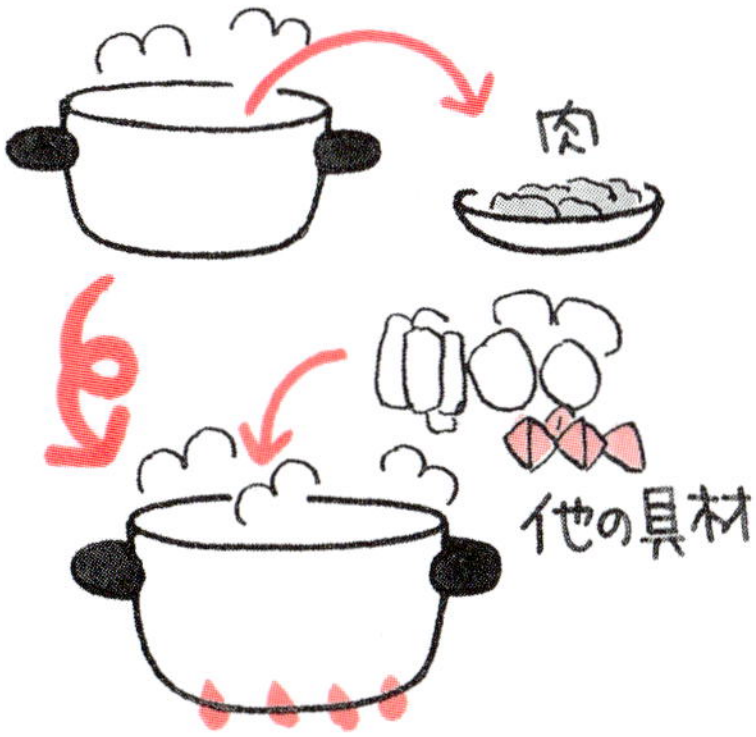
肉
他の具材

5. 肉をなべに戻して、ゆでた絹サヤを散らす。

おいしそーだね
パラパラ

●3歳児の時も作ったことのある肉じゃがをまた、作りたいというので、理由を聞くと、「おいしかったからたっちゃん（4歳児から保育園に来た子）にも食べさせてあげたいの!!」

5歳児

クッキングのポイント

1 主菜・副菜・汁物・ごはんの全てを作って食卓を整えましょう。

包んだり巻いたり
大変だけど
春巻作るよ!

2 巻いたり包んだりと複雑なプロセスのものも取り入れましょう。

3 レシピに添って友達と相談しながら作ります。

次はこうかな……
レシピ
①やさいをきる
②いためて
ほんとだ

少し多目につくろうか!!

4 隣のクラスへのおすそ分けや食べてほしい人の分のため、多めに作りましょう。

5 身じたくは自分で整えさせます。

ひとりでできるもん!!

6 作ったものをきれいに盛り付けましょう。

旗もたてようか!

キレイにできた!!

7 身じたくから片づけまで120分で終わるように計画しましょう。

ちょっと遅いかな……
ほんと?
手伝うよ〜

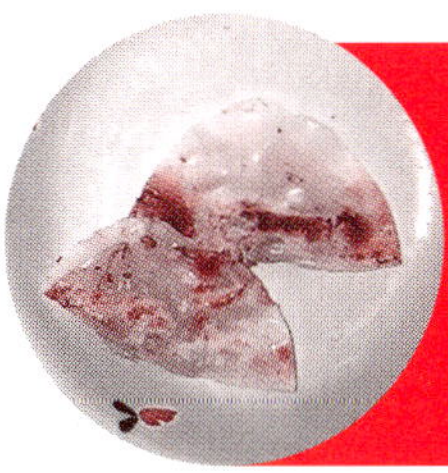

餃子

5歳児クッキング

中華料理の人気メニューは、5歳児クッキングでも大人気。

材料

4人分

- 餃子の皮（市販の皮は大判サイズがよい）…………20〜24枚
- 豚ひき肉 ……200g
- 青ネギ……………4本
- キャベツ…………4枚
- 根ショウガ ……少々
- 調味料（塩、コショウ、ゴマ油、しょう油、砂糖）……………適量

おいしく作るためのポイント

- ひき肉だけでよく混ぜておくと柔らかく仕上がり、他の具材はさっと混ぜるだけでおいしくなります。
- タレをつけずに食べる時は、具材にしっかり味をつけておきましょう。
- 市販の皮を使う時は大判サイズのものが子どもは包みやすいでしょう。
- 焼くときに、ごま油を薄くぬるか、仕上げに少し落としたら風味が増します。

作り方

❶ キャベツはさっとゆでて、細かくきざみ、しぼっておく。青ネギは小口切りに切る。

❷ ひき肉だけを粘りが出るまでよくこねる。

❸ ❷に青ネギとキャベツ、調味料を加えてよくこねる。

❹ ❸を餃子の皮で包む。

❺ ホットプレートに並べて焼く。少し焦げ目がついたら水3分の2カップを入れて、その水をとばしてカリッと仕上げる。

●「餃子だったら、毎日作りたいな、明日も、明後日も、その次も、その次も、1年生になっても」という子もいます。

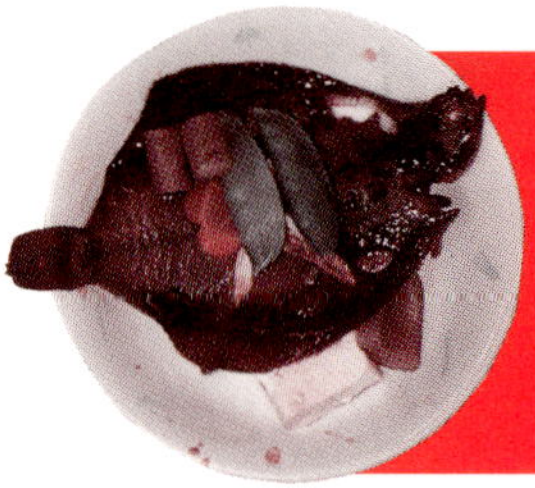

カレイの煮付け

5歳児
クッキング

大人顔負けの和食メニュー

材　料

4人分

- カレイ……………4尾
- コンニャク　…1/4丁
- ゴボウ　………1/4本
- ニンジン　……1/4本
- 絹サヤ……………8個
- みりん…………50cc
- 砂糖　……………40g
- ショウガ………1かけ
- しょう油………40cc
- 水　……………200cc

おいしく作るためのポイント

- 料理では切り身より1尾のままのほうが煮くずれもなく、食べるのも楽しいので、全長10〜15cmくらいのカレイを選びましょう。
- カレイ以外にもキンメダイなど1尾のまま使える大きさの魚を探して、煮魚のバリエーションを広げましょう。

作り方

❶ カレイは包丁でウロコをとり、×の切り目を入れる。

❷ コンニャクは8mmの幅に切り、真ん中に1.5cmくらいの切れ目を入れて、片方のはしをその中にくぐらせて、たずなこんにゃくにする。

❸ ゴボウは皮をそぎ、短冊切りにする。

❹ ニンジンは皮をむき、1cm弱幅の輪切りにする。絹サヤは筋をとり、サッとゆでる。

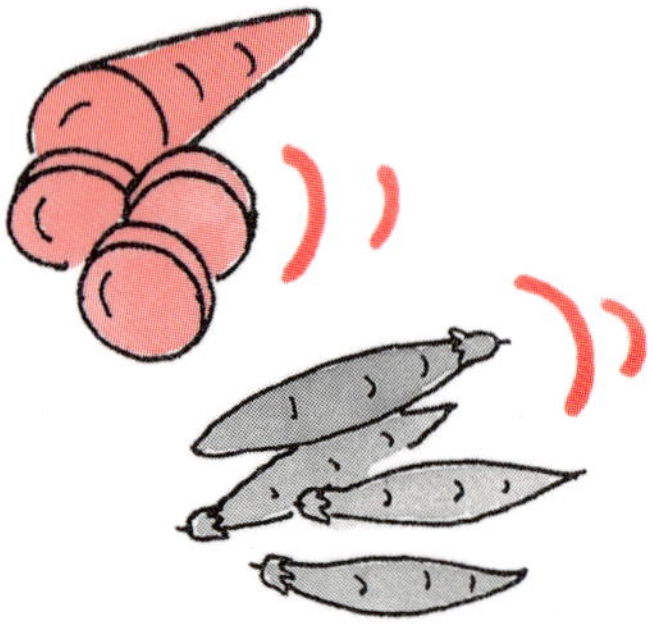

❺ 煮汁を煮たたせて、カレイを煮る。カレイの身に火が通ったら引き上げて、その煮汁でコンニャク、ゴボウを煮る。

❻ 皿に盛ってから、煮汁をかけてできあがり。

●骨・頭・ヒレ・尾などをしゃぶって、「魚食べコンテスト」をするのも楽しいでしょう。

巻きずし～節分の日に～

5歳児 クッキング

卒園間近、節分にちなんだ行事食を作って食べて、思い出に。

材料

1本分
- すしめし…茶わん1杯
- のり……………1枚
- 干しシイタケ ……………1/2個
- ニンジン ……………細切り1本
- カンピョウ ……適量
- 厚焼き卵 ………適量
- 三つ葉……………5本

準備

＊材料を使って始めから作るクッキングではなく、「巻く」ことを楽しみ、節分の行事に向けて食卓を準備しましょう。

＊具材、すしめしは、調理室で準備します。

＊各家庭から「まきす」を持ってきてもらいましょう。

みんなまきず もってきたぁ～?
はぁ～い
じょうずに まくよ～

作り方の練習

❶ おからをすしめしに見立て、まきすにラップのりを置き、細切りのニンジンを具材にまいてみます。

❷ 10本の指先、指の腹、手のひらが別々に動いてきれいに巻ける巻きずしは、5歳児の手わざの仕上げのメニューでもあります。

キュッ
キュッ
しゃべると 福が逃げるよ～
おいしく できた～?
へへっ
へへっ
なにが 入ってんの～?
ムシだ!!
あ～ん
ちょっと たべさせて～

食育基本法（抄）

（平成一七年六月一七日　法律第六三号）

目次

二十一世紀における我が国の発展のためには、子どもたちが健全な心と身体を培い、未来や国際社会に向かって羽ばたくことができるようにするとともに、すべての国民が心身の健康を確保し、生涯にわたって生き生きと暮らすことができるようにすることが大切である。

子どもたちが豊かな人間性をはぐくみ、生きる力を身に付けていくためには、何よりも「食」が重要である。今、改めて、食育を、生きる上での基本であって、知育、徳育及び体育の基礎となるべきものと位置付けるとともに、様々な経験を通じて「食」に関する知識と「食」を選択する力を習得し、健全な食生活を実践することができる人間を育てる食育を推進することが求められている。もとより、食育はあらゆる世代の国民に必要なものであるが、子どもたちに対する食育は、心身の成長及び人格の形成に大きな影響を及ぼし、生涯にわたって健全な心と身体を培い豊かな人間性をはぐくんでいく基礎となるものである。

一方、社会経済情勢がめまぐるしく変化し、日々忙しい生活を送る中で、人々は、毎日の「食」の大切さを忘れがちである。国民の食生活においては、栄養の偏り、不規則な食事、肥満や生活習慣病の増加、過度の痩《そう》身志向などの問題に加え、新たな「食」の安全上の問題や、「食」の海外への依存の問題が生じており、「食」に関する情報が社会に氾《はん》濫する中で、人々は、食生活の改善の面からも、「食」の安全の確保の面からも、自ら「食」のあり方を学ぶことが求められている。また、豊かな緑と水に恵まれた自然の下で先人からはぐくまれてきた、地域の多様性と豊かな味覚や文化の香りあふれる日本の「食」が失われる危機にある。

こうした「食」をめぐる環境の変化の中で、国民の「食」に関する考え方を育て、健全な食生活を実現することが求められるとともに、都市と農山漁村の共生・対流を進め、「食」に関する消費者と生産者との信頼関係を構築して、地域社会の活性化、豊かな食文化の継承及び発展、環境と調和のとれた食料の生産及び消費の推進並びに食料自給率の向上に寄与することが期待されている。

国民一人一人が「食」について改めて意識を高め、自然の恩恵や「食」に関わる人々の様々な活動への感謝の念や理解を深めつつ、「食」に関して信頼できる情報に基づく適切な判断を行う能力を身に付けることによって、心身の健康を増進する健全な食生活を実践するために、今こそ、家庭、学校、保育所、地域等を中心に、国民運動として、食育の推進に取り組んでいくことが、我々に課せられている課題である。さらに、食育の推進に関する我が国の取組が、海外との交流等を通じて食育に関して国際的に貢献することにつながることも期待される。

ここに、食育について、基本理念を明らかにしてその方向性を示し、国、地方公共団体及び国民の食育の推進に関する取組を総合的かつ計画的に推進するため、この法律を制定する。

第一章　総則

（目的）

第一条　この法律は、近年における国民の食生活をめぐる環境の変化に伴い、国民が生涯にわたって健全な心身を培い、豊かな人間性をはぐくむための食育を推進することが緊要な課題となっていることにかんがみ、食育に関し、基本理念を定め、及び国、地方公共団体等の責務を明らかにするとともに、食育に関する施策の基本となる事項を定めることにより、食育に関する施策を総合的かつ計画的に推進し、もって現在及び将来にわたる健康で文化的な国民の生活と豊かで活力ある社会の実現に寄与することを目的とする。

（国民の心身の健康の増進と豊かな人間形成）

第二条　食育は、食に関する適切な判断力を養い、生涯にわたって健全な食生活を実現することにより、国民の心身の健康の増進と豊かな人間形成に資することを旨として、行われなければならない。

（食に関する感謝の念と理解）

第三条　食育の推進に当たっては、国民の食生活が、自然の恩恵の上に成り立っており、また、食に関わる人々の様々な活動に支えられていることについて、感謝の念や理解が深まるよう配慮されなければならない。

（食育推進運動の展開）

第四条　食育を推進するための活動は、国民、民間団体等の自発的意思を尊重し、地域の特性に配慮し、地域住民その他の社会を構成する多様な主体の参加と協力を得るものとするとともに、その連携を図りつつ、あまねく全国において展開されなければならない。

（子どもの食育における保護者、教育関係者等の役割）

第五条 食育は、父母その他の保護者にあっては、家庭が食育において重要な役割を有していることを認識するとともに、子どもの教育、保育等を行う者にあっては、教育、保育等における食育の重要性を十分自覚し、積極的に子どもの食育の推進に関する活動に取り組むこととなるよう、行われなければならない。

（食に関する体験活動と食育推進活動の実践）

第六条 食育は、広く国民が家庭、学校、保育所、地域その他のあらゆる機会とあらゆる場所を利用して、食料の生産から消費等に至るまでの食に関する様々な体験活動を行うとともに、自ら食育の推進のための活動を実践することにより、食に関する理解を深めることを旨として、行われなければならない。

（伝統的な食文化、環境と調和した生産等への配意及び農山漁村の活性化と食料自給率の向上への貢献）

第七条 食育は、我が国の伝統のある優れた食文化、地域の特性を生かした食生活、環境と調和のとれた食料の生産とその消費等に配意し、我が国の食料の需要及び供給の状況についての国民の理解を深めるとともに、食料の生産者と消費者との交流等を図ることにより、農山漁村の活性化と我が国の食料自給率の向上に資するよう、推進されなければならない。

（食品の安全性の確保等における食育の役割）

第八条 食育は、食品の安全性が確保され安心して消費できることが健全な食生活の基礎であることにかんがみ、食品の安全性をはじめとする食に関する幅広い情報の提供及びこれについての意見交換が、食に関する知識と理解を深め、国民の適切な食生活の実践に資することを旨として、国際的な連携を図りつつ積極的に行われなければならない。

（国の責務）

第九条 国は、第二条から前条までに定める食育に関する基本理念（以下「基本理念」という。）にのっとり、食育の推進に関する施策を総合的かつ計画的に策定し、及び実施する責務を有する。

（地方公共団体の責務）

第十条 地方公共団体は、基本理念にのっとり、食育の推進に関し、国との連携を図りつつ、その地方公共団体の区域の特性を生かした自主的な施策を策定し、及び実施する責務を有する。

（教育関係者等及び農林漁業者等の責務）

第十一条 教育並びに保育、介護その他の社会福祉、医療及び保健（以下「教育等」という。）に関する職務に従事する者並びに教育等に関する関係機関及び関係団体（以下「教育関係者等」という。）は、食に関する関心及び理解の増進に果たすべき重要な役割にかんがみ、基本理念にのっとり、あらゆる機会とあらゆる場所を利用して、積極的に食育を推進するよう努めるとともに、他の者の行う食育の推進に関する活動に協力するよう努めるものとする。

2 農林漁業者及び農林漁業に関する団体（以下「農林漁業者等」という。）は、農林漁業に関する体験活動等が食に関する国民の関心及び理解を増進する上で重要な意義を有することにかんがみ、基本理念にのっとり、農林漁業に関する多様な体験の機会を積極的に提供し、自然の恩恵と食に関わる人々の活動の重要性について、国民の理解が深まるよう努めるとともに、教育関係者等と相互に連携して食育の推進に関する活動を行うよう努めるものとする。

（食品関連事業者等の責務）

第十二条 食品の製造、加工、流通、販売又は食事の提供を行う事業者及びその組織する団体（以下「食品関連事業者等」という。）は、基本理念にのっとり、その事業活動に関し、自主的かつ積極的に食育の推進に自ら努めるとともに、国又は地方公共団体が実施する食育の推進に関する施策その他の食育の推進に関する活動に協力するよう努めるものとする。

（国民の責務）

第十三条 国民は、家庭、学校、保育所、地域その他の社会のあらゆる分野において、基本理念にのっとり、生涯にわたり健全な食生活の実現に自ら努めるとともに、食育の推進に寄与するよう努めるものとする。

（法制上の措置等）

第十四条 政府は、食育の推進に関する施策を実施するため必要な法制上又は財政上の措置その他の措置を講じなければならない。

（年次報告）

第十五条 政府は、毎年、国会に、政府が食育の推進に関して講じた施策に関する報告書を提出しなければならない。

第二章 食育推進基本計画等

（食育推進基本計画）

第十六条 食育推進会議は、食育の推進に関する施策の総合的かつ計画的な推進を図るため、食育推進基本計画を作成するものとする。

2 食育推進基本計画は、次に掲げる事項について定めるものとする。

一 食育の推進に関する施策についての基本的な方針

二 食育の推進の目標に関する事項

三 国民等の行う自発的な食育推進活動等の総合的な促進に関する事項

四　前三号に掲げるもののほか、食育の推進に関する施策を総合的かつ計画的に推進するために必要な事項

3　食育推進会議は、第一項の規定により食育推進基本計画を作成したときは、速やかにこれを内閣総理大臣に報告し、及び関係行政機関の長に通知するとともに、その要旨を公表しなければならない。

4　前項の規定は、食育推進基本計画の変更について準用する。

（都道府県食育推進計画）

第十七条　都道府県は、食育推進基本計画を基本として、当該都道府県の区域内における食育の推進に関する施策についての計画（以下「都道府県食育推進計画」という。）を作成するよう努めなければならない。

2　都道府県（都道府県食育推進会議が置かれている都道府県にあっては、都道府県食育推進会議）は、都道府県食育推進計画を作成し、又は変更したときは、速やかに、その要旨を公表しなければならない。

（市町村食育推進計画）

第十八条　市町村は、食育推進基本計画（都道府県食育推進計画が作成されているときは、食育推進基本計画及び都道府県食育推進計画）を基本として、当該市町村の区域内における食育の推進に関する施策についての計画（以下「市町村食育推進計画」という。）を作成するよう努めなければならない。

2　市町村（市町村食育推進会議が置かれている市町村にあっては、市町村食育推進会議）は、市町村食育推進計画を作成し、又は変更したときは、速やかに、その要旨を公表しなければならない。

第三章　基本的施策

（家庭における食育の推進）

第十九条　国及び地方公共団体は、父母その他の保護者及び子どもの食に対する関心及び理解を深め、健全な食習慣の確立に資するよう、親子で参加する料理教室その他の食事についての望ましい習慣を学びながら食を楽しむ機会の提供、健康美に関する知識の啓発その他の適切な栄養管理に関する知識の普及及び情報の提供、妊産婦に対する栄養指導又は乳幼児をはじめとする子どもを対象とする発達段階に応じた栄養指導その他の家庭における食育の推進を支援するために必要な施策を講ずるものとする。

（学校、保育所等における食育の推進）

第二十条　国及び地方公共団体は、学校、保育所等において魅力ある食育の推進に関する活動を効果的に促進することにより子どもの健全な食生活の実現及び健全な心身の成長が図られるよう、学校、保育所等における食育の推進のための指針の作成に関する支援、食育の指導にふさわしい教職員の設置及び指導的立場にある者の食育の推進において果たすべき役割についての意識の啓発その他の食育に関する指導体制の整備、学校、保育所等又は地域の特色を生かした学校給食等の実施、教育の一環として行われる農場等における実習、食品の調理、食品廃棄物の再生利用等様々な体験活動を通じた子どもの食に関する理解の促進、過度の痩《そう》身又は肥満の心身の健康に及ぼす影響等についての知識の啓発その他必要な施策を講ずるものとする。

（地域における食生活の改善のための取組の推進）

第二十一条　国及び地方公共団体は、地域において、栄養、食習慣、食料の消費等に関する食生活の改善を推進し、生活習慣病を予防して健康を増進するため、健全な食生活に関する指針の策定及び普及啓発、地域における食育の推進に関する専門的知識を有する者の養成及び資質の向上並びにその活用、保健所、市町村保健センター、医療機関等における食育に関する普及及び啓発活動の推進、医学教育等における食育に関する指導の充実、食品関連事業者等が行う食育の推進のための活動への支援等必要な施策を講ずるものとする。

（食育推進運動の展開）

第二十二条　国及び地方公共団体は、国民、教育関係者等、農林漁業者等、食品関連事業者等その他の事業者若しくはその組織する団体又は消費生活の安定及び向上等のための活動を行う民間の団体が自発的に行う食育の推進に関する活動が、地域の特性を生かしつつ、相互に緊密な連携協力を図りながらあまねく全国において展開されるようにするとともに、関係者相互間の情報及び意見の交換が促進されるよう、食育の推進に関する普及啓発を図るための行事の実施、重点的かつ効果的に食育の推進に関する活動を推進するための期間の指定その他必要な施策を講ずるものとする。

2　国及び地方公共団体は、食育の推進に当たっては、食生活の改善のための活動その他の食育の推進に関する活動に携わるボランティアが果たしている役割の重要性にかんがみ、これらのボランティアとの連携協力を図りながら、その活動の充実が図られるよう必要な施策を講ずるものとする。

（生産者と消費者との交流の促進、環境と調和のとれた農林漁業の活性化等）

第二十三条　国及び地方公共団体は、生産者と消費者との間の交流の促進等により、生産者と消費者との信頼関係を構築し、食品の安全性の確保、食料資源の有効な利用の促進及び国民の食に対する理解と関心の増進を図るとともに、環境と調和のとれた農林漁業の活性化に資するため、農林水産物の生産、食品の製造、流通等における体験活動の促進、農林水産物の生産された地域内の学校給食等における利用その他のその地域内における消費の促進、創意工夫を生かした食品廃棄物の発生の抑制及び再生利用等必要な施策を講ずるものとする。

（食文化の継承のための活動への支援等）

第二十四条　国及び地方公共団体は、伝統的な行事や作法と結びついた食文化、地域の特色ある食文化等我が国の伝統のある優れた食文化の継承を推進するため、これらに関する啓発及び知識の普及その他の必要な施策を講ずるものとする。

（食品の安全性、栄養その他の食生活に関する調査、研究、情報の提供及び国際交流の推進）

第二十五条　国及び地方公共団体は、すべての世代の国民の適切な食生活の選択に資するよう、国民の食生活に関し、食品の安全性、栄養、食習慣、食料の生産、流通及び消費並びに食品廃棄物の発生及びその再生利用の状況等について調査及び研究を行うとともに、必要な各種の情報の収集、整理及び提供、データベースの整備その他食に関する正確な情報を迅速に提供するために必要な施策を講ずるものとする。

2　国及び地方公共団体は、食育の推進に資するため、海外における食品の安全性、栄養、食習慣等の食生活に関する情報の収集、食育に関する研究者等の国際的交流、食育の推進に関する活動についての情報交換その他国際交流の推進のために必要な施策を講ずるものとする。

第四章　食育推進会議等

（食育推進会議の設置及び所掌事務）

第二十六条　内閣府に、食育推進会議を置く。

2　食育推進会議は、次に掲げる事務をつかさどる。

一　食育推進基本計画を作成し、及びその実施を推進すること。

二　前号に掲げるもののほか、食育の推進に関する重要事項について審議し、及び食育の推進に関する施策の実施を推進すること。

（組織）

第二十七条　食育推進会議は、会長及び委員二十五人以内をもって組織する。

（会長）

第二十八条　会長は、内閣総理大臣をもって充てる。

2　会長は、会務を総理する。

3　会長に事故があるときは、あらかじめその指名する委員がその職務を代理する。

（委員）

第二十九条　委員は、次に掲げる者をもって充てる。

一　内閣府設置法（平成十一年法律第八十九号）第九条第一項に規定する特命担当大臣であって、同項の規定により命を受けて同法第四条第一項第十七号に掲げる事項に関する事務及び同条第三項第二十七号の三に掲げる事務を掌理するもの（次号において「食育担当大臣」という。）

二　食育担当大臣以外の国務大臣のうちから、内閣総理大臣が指定する者

三　食育に関して十分な知識と経験を有する者のうちから、内閣総理大臣が任命する者

2　前項第三号の委員は、非常勤とする。

（委員の任期）

第三十条　前条第一項第三号の委員の任期は、二年とする。ただし、補欠の委員の任期は、前任者の残任期間とする。

2　前条第一項第三号の委員は、再任されることができる。

（政令への委任）

第三十一条　この章に定めるもののほか、食育推進会議の組織及び運営に関し必要な事項は、政令で定める。

（都道府県食育推進会議）

第三十二条　都道府県は、その都道府県の区域における食育の推進に関して、都道府県食育推進計画の作成及びその実施の推進のため、条例で定めるところにより、都道府県食育推進会議を置くことができる。

2　都道府県食育推進会議の組織及び運営に関し必要な事項は、都道府県の条例で定める。

（市町村食育推進会議）

第三十三条　市町村は、その市町村の区域における食育の推進に関して、市町村食育推進計画の作成及びその実施の推進のため、条例で定めるところにより、市町村食育推進会議を置くことができる。

2　市町村食育推進会議の組織及び運営に関し必要な事項は、市町村の条例で定める。

附　則（抄）

（施行期日）

第一条　この法律は、公布の日から起算して一月を超えない範囲内において政令で定める日から施行する。

（平成一七年政令第二三五号で公布されて、平成一七年七月一五日から施行）

（内閣府設置法の一部改正）

岡﨑光子
女子栄養大学教授

女子栄養大学家政学部卒業後、女子栄養大学講師、農村生活総合研究センター研究員、女子栄養短期大学教授を経て現職。保健学博士、管理栄養士。専門は栄養教育学。小児への栄養教育の実施とその評価、小児の咀しゃく能力などを中心に研究を行っている。主な著書に『新・栄養指導論』（編集／南江堂）、『小児栄養』（編著／光世館）『栄養教諭教育実習の記録 』（編著／光世館）などがある。

執筆　小西 律子（おさなご保育園調理師）
　　　　クッキーボックス
編集協力　有限会社 ヴィトゲン社
表紙カバーデザイン　都甲 玲子＋竹内 玲子
本文デザイン　有限会社 来夢来人
表紙カバーイラスト　鳥居 満智栄（Cookie illustrator）
本文イラスト　いずみ まさえ・たき くみこ・森田 雪香

0～5歳児の食育

2006年10月　初版第1刷発行
2012年 2月　　　　第7刷発行

監　修　岡﨑光子　©MITSUKO OKAZAKI 2006

発行者　浅香俊二

発行所　株式会社チャイルド本社
〒112-8512　東京都文京区小石川5丁目24番21号
電話／03-3813-3781（代表）　振替／00100-4-38410

印刷所　共同印刷株式会社

製本所　一色製本株式会社

ISBN 978-4-8054-0077-7 C2037

NDC 376　90P　23×18cm